改訂版

赤ちゃんのつぶやき

小児科医
大塚昭二

赤ちゃんとママ社

これは
いつもおせわになっている
「赤ちゃん先生」に
そっとつぶやいた
赤ちゃんの「本音」です
ちょっと
耳をかたむけてみませんか

目次

2

育児常識にふりまわされないで

re l'intero al-
per favore
IESENDANGER

いつも
ボクのこと
一生懸命心配してくれる
大好きなママとパパ
だけど

1 冬だって夏だって

ときどきはあるんだよ
思いちがいが…
どんなことかだって？
ボクの冬から夏に向けての生活
ちょっとだけ見せてあげるね！

ボク、アッチッチはいやだよ

ボク、本当にホッとしたんですよ。


このまえ先生がボクのうちにきてくれたとき、言ってくれましたね。

「なんだい、このうちは！　常夏のハワイどころじゃあないねぇ。あつくて、あつくて、これじゃあ暖房でなくて、暑房だよ！」って。

ボク、とってもうれしかったんですよ。


それまではどうだった？　ボク、正直に言っちゃいますよ。

はじめてボクが冬を迎えるので、ママは、寒くしてはいけない、カゼをひかせては…、と部屋の暖房に気をつかってくれました。

ありがたいと思っていましたよ。

だけど、パパとママのやり方じゃあ、ボクはあつくって、しようがなかったんです。


部屋の温度は、ふつう18度前後といわれていますよねぇ。

ボクみたいな赤ちゃんがいれば、20度くらいにするのは仕方がないでしょうが、ボクはすでにたくさんの服を着せられているんですからねぇ。

換気をしてくれればいいんですが、外の空気は冷たいからといって、なかなか窓をあけてくれないし、あけてもすぐに閉めちゃうんです。

部屋の空気だってよくありませんよ。

夜なんてもっとひどかったんですよ！

オフロであたたまってから寝るんだから、ちっとも寒くなんてないのに、冷えたらかわいそう、って電気毛布ですよ!!

それも、フトンがあたたまったらスイッチを消してくれるならまだいいけど、そのままにされたらどうします？

からだじゅうが乾燥して、夜泣きの原因になることを知らないんだなぁ。

だから、ボクは手をフトンから出してバンザイの格好で寝ていたんです、が…

「いい子だから、フトンの中にお手てを入れましょう」だって！

せめて手くらいは涼しくしたいという気持ち、わかってもらいたいなぁ…。

フトンに手を入れたって、また出しちゃいますよ。

まちがったって手袋なんてしないでね。

とにかく、いいところに先生がきてくれたので、ボクはその日から本当の暖房で、快適ですよ。

だけど〝暑房〟とは、うまいこと言いますねぇ！

サーッとサッサが湯冷めの原因

ボク、カゼをひいてそれがちょっと長びいてしまったので、ママはなかなかオフロに入れてくれないんです。

咳も鼻汁もたいしたことないのですが、ダメなんです。

ママは心配なんですねぇ。

先生の診断を受けて、大丈夫とのおスミつきをもらっても、どうも不安らしいんです。

「やっとオフロに入れて、やれやれと思ったら、夜中に鼻がつまったり、朝方になって咳をしたり…、カゼのぶりかえしですよ。だから入れるのがこわいんです」とママ。

「どうも、オフロの入れ方と湯あがりのケアのしかたが下手というか、うまくないんだなぁ。これはママだけではないがね」と先生。

先生は何回もていねいに説明してくれましたね。

1年365日のうち、先生は1日だってオフロを欠かしたことはありませんって。

何十年もですって！　オフロが好きなんですねぇ、とこれはよけいなことを言っちゃいました。

先生がおっしゃるには、熱があったり咳がひどいようならオフロに入れないほうがいいけど、くしゃみや鼻水程度のちょっとしたカゼなら、ゆっくりとオフロに入れればなおっちゃうくらいだって。

問題はここですよ。

ママたちは、カゼ気味だからサーッと入れればなんて思いがちだけど、これが大まちがいなんだって。

ボクのママもそのクチなんです。

よくあたたまってこそオフロなのに…。

それと、オフロからあがってからが、これまた問題なんですねぇ。

サッサと着せようとする…。

オフロからあがったあとは、体温は高くなっているのがふつうなんです。

だって、40度のお湯につかっていたんだから。

となると、からだは高くなった体温をもとにもどそうと、からだの熱を皮膚から外に向かって出すんですって。

それはしばらくのあいだ続くのですが、そのうちだんだんと汗のかき方が少なくなり、肌のほてりも冷めてくるんです。

これが湯冷めなんですって。

ですから湯冷めは、お湯からあがってある程度時間がたたないとおきないんです。

それをヘンにこわがって、オフロからあがったらそれっとばかりにサッとからだを拭いて、すぐに衣服を着せて、ときにはすぐにフトンの中へ…。

これじゃ、からだはあついし、ちょっとくらいタオルで拭いたって汗が出るのはとまりません。

からだがあついうちは汗だってあたたかいでしょうが、そのうち冷めてくれば汗でぬれた肌着も冷たくなってくるというわけ。

それで湯冷めのようになって、カゼをひいたとさわぐんですよね。

サーッとサッサはやめて、ゆっくりお湯につかって、オフロからあがったら手足をバタバタさせたりハイハイさせたり、ボクをあそばせてから、それからよーく汗を拭くこと！

ママだって、お肌のシワやたるみを気にしてか、パジャマを着るまえに鏡に向かって何かパタパタつけたりしてるじゃない。

ようは、ボクたちもそれくらいの時間の余裕がほしいってことさ。

衣服を着せるのはそれからだって。

ママは先生の話を聞いて、いちおう納得はしたようですが、

「失礼な。まだまだシワやたるみなんてありませんからね！」

と怒っていました。

先生は、「しまった！」という顔をしていましたよ。

暮れのデパートは大嫌い!?

いやんなっちゃいましたよ、先生。

先日、暮れの買い物をしなければ、とママとデパートに行ったんです。

デパートは人でいっぱい。

よくもまあ、こんなに買い物をする人がいるもんです。

ママはそこで2時間以上もあっちへ行ったりこっちへ行ったり!


ボクは背中にオンブされていましたが、イヤハヤあついのなんのって!

歩けたら逃げ出せるのにって、何度も思いました。

家から出たとき寒かったもんだから、たくさん着せられて、そのうえママコートをはおっているわけでしょう。

外からデパートに入ったら、そこはあたたかいというかあついくらい! ムーッとしていましてねぇ。

しばらくすると汗がびっしょり。


ママはいちおうコートは脱いでくれました。

だけど、それだけではボクはまだまだあつくて仕方がなかったんです。

ボクが着ているものも1枚脱がしてくれればいいんですが、ママは買い物に夢中で、背中のボクのことなんて忘れているんでしょうかねぇ。

あついから、なんとかしてくれと泣いてみせたのですが
「オムツがぬれたの？　お乳が飲みたいの？　もう少しのシンボウよ」ですって。

オムツが原因ではなく、あつくてノドが渇いているんです。

だけどどうにもならないから、そのうち眠ってしまいましたよ。

やっと買い物が終わって、ベビー休憩室に行ったら、ここもいっぱい！

それでも隅のベッドにおろされ、服を脱がされたときにはホッとしましたよ。

ママは、「かわいそうなことをして…」とつぶやきながら、オムツをかえて、ビッショリかいた汗を拭いてくれました。

ボクは考えましたねぇ。

どうしてもママが買い物にでかけなければいけないなら、ボクはおうちでパパと留守番してるか、もし行くならパパと3人がいいな、って。

パパがめんどうをみてくれるなら、ママはゆっくりと買い物ができるでしょう。

ボクもパパならうれしいよ。

混んでるベビー休憩所なんて行かないで、人のあまりいない腰かけて休むことのできる場所で待っていられるからいいんだなぁ。

その場所はどこだって？

それを教えるとデパートの人に迷惑だから言わないよ。

ウソじゃないよ、あるんだから。

それに、デパートもデパートだよ。

買い物の案内や人の呼び出しのアナウンスもけっこうだけど、たまにはこんな放送したっていいと思うね。

「店内はだいぶ混みあってまいりました。店内の温度も上がっております。お連れのお子さまは汗をおかきではありませんか？　汗をお拭きになりまして、１枚お脱がせを……」

それと、冷たくした水か麦茶の用意でもあったら最高なんだけどなぁ。

よけいなこと言ってゴメンね！

寝正月にしようよ

もういくつ寝るとお正月〜♪

子どもだったら指折りかぞえて待ちどおしいんだけど、ボクはまだ赤ちゃんでしょう、お正月なんて知りません。

だけど、きのうのママの電話が気になりました。

おばあちゃんと、お正月にママの実家に行くか、それとも親戚の人たちが年始のあいさつをしがてらボクを見にくるか、どちらにしようかと話しているんです。

ママははしゃいでいたけど、ボクはどっちもいやだなぁ…。

おとなはお正月気分でウカれてしまうでしょうし、ボクはおもちゃがわりにされちゃうでしょうし…。

それに、おとな同士きっと話に夢中になってボクの世話もいいかげんになっちゃうにきまってるんだから…。

ママは、朝早く出て初詣でしてからなんて言ってるんですよ。

なにもこの寒いのに初詣でに行くことなんてないのにな。

外は寒いでしょう?

カゼをひいちゃいけないと、どうせまたたくさん着せられてしまいますよね。

それでむこうのうちに着いてもそのままにされたら、また泣いちゃうよ!

　おうちにお客さんが集まるのもいやだなぁ。
お客さんはきっと
「赤ちゃんがいるんだからおかまいなく…」
なんて言うけど、ママやパパはそうもいかないでしょ。
そしてそのトバッチリはボクのところにくるんですよ。
おいしそうにお酒を飲んで、いい気分で「さあどうぞ一杯」なんてね…。
ボクにも忘れずに「お茶けをどうぞ」と言ってほしいね。

　どうしてもお客さんがくるなら、ボクはみんなと同じ部屋ではなくって、別の部屋にいるようにさせてもらいたいな。

もちろんひとりぼっちだとちょっぴりさびしいから、みんなの顔は見えるほうがいいけどね。

みんなと一緒の部屋ではきっと空気はよごれてるし、あついし…。

眠くなったってそのままその部屋に寝かせられるんじゃあラクじゃあないですよ。


　カゼをひいたお客さんがきたら、どうしましょう。

ボクにうつって熱でも出て、病院通いなんていやですよ。

お年玉をくれたってパーだよ!


　お正月は毎年あるんですよ。

パパだってママだって疲れているんでしょう。
ボクのあそび相手になって、ゆっくり寝正月をするのが最高だと思うんだけどな。
ボクのいうことをきかなければ、とっておきのオクの手をつかっちゃうからね！
正月そうそう「夜泣き」で一晩中苦しめてあげるから。
カクゴはいいね！

お外に出るのがいちばんさ

「スプリング　ハズ　カム　ウィンター　イズ　ゴーン」

ボクだってこれくらいの英語はわかるんですよ。

　でも、ボクはユウウツです。

春がきたというのに、まだ寒いからといって、ママはボクをお外に出してくれないんです。

だからボクは、大好きなミルクもあまり飲みたくなくなって…、これではからだの調子も悪くなっちゃいますよ。

　ボクが、元気がなくなり機嫌も悪くなっちゃったもんだから、「どうしたんだろう？」ってパパもママも心配になって、先生に診察してもらったってわけ。

「どこも悪くないよ。あんまり外へ出さないから、欲求不満と運動不足なのサ。動物だって冬眠からさめて首を出す季節だよ。おてんとうさんだって待ってるよ。大いに外に出すんだね。そしたらすぐに元気になるさ」

　それからママはボクを外に連れ出してくれるようになったので、うれしかったですねぇ。

だけど、ある日散歩しているときヘンなことになりそうになっちゃって…。

散歩の途中、ともだちのママにであったとき
「運動不足なら0歳の体操教室とかスイミングがいいから、一緒に行かない？」

と誘われたんです。

ママは、どうしようかと、とまどったみたい。

ボクも心の中で、そんなところに連れて行かれるのかなぁ、いやだなあ、と心配になっちゃいました。

だけど、ママは先生に言われたことを思い出してやめました。

それは、こんな注意なんです。

スイミングをすることによって、水に親しむ、体力づくりをする、カゼをひかなくなる…、などいろいろいわれてるようだが、
赤ちゃん体操や体力教室で、型どおりにというか、図式にのっとって、それ屈伸運動だ、やれさか立ちだ…、といやがる赤ちゃんをムリにさせることはハタシテどうかなぁ、って。

なかには、こわがって泣いて興奮し、夜泣きの原因になる赤ちゃんもいるらしいですねぇ。

生物というのは、日光の恩恵が少ないと、モヤシのようにヒョロヒョロと育っちゃうんですすって。

人間さまだってそれは同じ。

日光浴とか外気浴とかいうと、なんだかむずかしいことをするように考えがち

ですが、そんなことはないんですって。

太陽が出てれば、浴びればよし。浴びすぎなければいいんです。

天気がよくなければ外に出るだけでけっこう。

ようは、外の空気にあたること、散歩でいいんですよ。

外気にふれれば、皮膚や鼻、ノドの粘膜も丈夫になるし、そんな空気の中でからだを動かすことは、何よりも体力づくりになるんですって。

ボクの食欲だってバッチリですよ。

　ポカポカした春の陽ざしの下で、薄着でベンチのまわりを歩いたり、シートの上であそんだり…、
ママはママでともだちと、ボクたちの自慢話やパパの悪口（？）

井戸端会議に花を咲かせるのもよいですねぇ。

これならお金だってかかりませんからねぇ。

タダですよ、タダ…、いや冗談、失礼しました。

お水！飲みたいなあ

ボクのおばあちゃんはえらい！　感心しました。

それは、おばあちゃんがボクのおうちにきてくれたときのことです。

おばあちゃんは、オフロからあがったボクに、「ノドが渇いただろう」と、哺乳ビンにお水を入れて持ってきてくれたんです。

ボクは飲みましたよ。

これが、いつも飲んでる生ぬるい湯冷ましなんかよりも、ズーッとおいしいんですねぇ。

おかわりしてもっとたくさん飲みたかったんですが、ママがストップ！

「赤ちゃんには湯冷ましか番茶を飲ませるんです」。

おばあちゃんは、「大丈夫だよ。おまえだって赤ちゃんのころから水を飲んだんだから」と言っていましたが、それ以上はさからいませんでした。

それから、しばらくたってのことです。

ボクのウンチが2日くらい出なかったんです。

やっと出たらかたくてポロポロしていました。

「便秘だ！」ママはさっそくボクを先生のところへ…。

ボクのおなかを診察した先生は、

「おなかがペッチャンコだね。もっと食べたり飲んだりしたら、ウンチも出るさ。

それと、水をうんと飲ませないとなぁ」ですって。

　夏は特に汗をかくから、たくさん水を飲ませないと、ウンチまで水がまわらないみたい。

そして、先生はこうも言いましたね。

「湯冷ましや番茶もいいんだけど、水の方がてっとり早いし、よろこんで飲んでくれるよ」って。

ママは「えっ、湯冷ましではなくそのままの水をですか？」って、おばあちゃんのときと同じようにおどろいていました。

が、きれいな消毒した湯冷ましを与えなくてはいけないと思っていたママの抵抗は、一笑にふされました。

　湯冷ましなんかは、赤ちゃんの最初のうちだけでいいんですって。

ボクのように、ハイハイをしてそこらにあるものを口にするようになれば、それほど神経をつかわなくたっていいということらしいんです。

　考えてみれば、畳はなめるし、スリッパなんかもかじるんですから、わざわざ湯冷ましを飲ませるなんて、バカな話ですよねぇ。

いろいろなものを口にしたら、湯冷まし卒業ですよ。

　ただし、井戸水はちがいますよ。

これはいったん沸かさないと、おとなだってあぶないって。井戸水を飲んで下痢をした先生が言っているんだから、本当なんでしょうね。

それと、水ばっかり飲むと、おなかがいっぱいになっちゃって食欲がなくなるなんて言う人がいるけど、これは糖分が含まれてるジュースや乳酸菌飲料をたくさん飲んだときのことだって。水道の水はそんな心配はいらないから、どんどん飲んでもいいって。だけどもそんなには飲めませんけどね。

それから、あんまり冷やしすぎたものを飲むと下痢をしたり食欲がなくなるから気をつけろって。ママやパパが氷を入れたような冷たいものを飲んでるのを、ボクがもらって飲むといけないからって、先にクギをさされちゃった。

ああ、残念！

寝冷えよ、サヨーナラ！

先生、またママに説明してくれないかなぁ。

いま、ボクとっても困っているんです。

それは、寝冷えのことなんです。

赤ちゃんは寝相が悪いから寝冷えに気をつけなさい、とかなんとかだれかに言われたらしいんですねぇ。

そのため、ボクはえらいめにあっているというわけです。

ここのところ、あつい夜が続いてるというのに、そんなことを言われてから、ママのボクの寝かせ方が変わってしまいました。

まず、これまではパジャマ1枚だけだったのに、薄いやつですが、下に肌着を着せられてしまいました。

万一にそなえての寝冷え対策だそうです。

それから、バスタオルのほかにもう1枚、薄い夏がけブトンをかけられちゃったんです！

あっついですよねぇ……。

ボクはかけているものをけって、寝返りをうってフトンの外に脱出成功！
涼を求めて逃げ出したってわけ。
ところが、ですよ。
せっかくとび出たのにママにみつかって、もとのフトンの中にもどされちゃった。
これを夜中に何度もくりかえすんだから、ママも大変ですよ。
ママは「本当に寝相が悪いんだから」ってブツブツ言っていましたが、まったく
失礼ですよ。
だいたい寝冷えは病気ではないのに、ちょっとさわぎすぎとちがいますか？
それでいて、もしボクがくしゃみをしたり鼻をズルズルしたら、何て言うかわか
りますか？
「こんなに気をつけても寝冷えしちゃうなんて、まったく弱い子ねぇ」って言う
にきまっているんです！
着せられたためにかえってたくさん汗をかいて、自分の汗でからだを冷やし、そ
れで寝冷えをしてしまうということに気がついていないんだなぁ…。
汗をかかないように、ズボンが胸くらいにくるようなダブダブで涼しげなパジ
ャマを着せて、バスタオル１枚かけてくれればそれでＯＫ！
たとえ本当に寝相が悪くてバスタオルをはがしたとしても、そうかんたんに寝
冷えなんてしませんよ。
ママがちょっと涼しいと思っても、ボクはあついんだから。
おとなと一緒はゴメンだね。

旅行やめた!?

パパとママがけんかをしました。どうも原因は、夏休みをとってパパの実家へ行くことらしいんです。ママは、ボクがもっと大きくなる来年のほうがいいと言うんですが、パパは、おじいちゃんやおばあちゃんが待っているので、どうしてもボクを見せに連れて行くんだと言いはるんです。

ボク、困っちゃうなぁ。

だってまだ1歳にもなっていないでしょ。どこに行ったってどうせボクは楽しめませんよ。

結局、先生にどうしたらいいか聞いてから決めようということになりました。つまり、先生にどっちかに軍配をあげてもらおう、というわけ。

しかし、先生は口がうまいですねぇ。パパ、ママ、ボクの3人にいい顔をしようとして

「旅行したら必ず赤ちゃんのぐあいが悪くなるとはかぎらないから、行ってもいいよ。2人の子だからね。行ってはいけないと言ったら夫婦のあいだはまずくな

るだろうし、冷たい戦争をするにきまってるからなあ」ですって。

　でもね、そのあとの話がきびしかったですねぇ。

行く先にカゼなどの病気がはやっていないかをたしかめること、旅先で病気にでもなったら大変だろうって。

それと、ボクの顔見世興行じゃあないんだから、あちこちまわらないこと。

まあ、自分のうちにいるときと同じようにする、つまりボクの生活が一時、パパの実家に引っ越したと思えばいいんじゃないかって。

　ところで、先生の最後のしめくくりのことばがステキ！

「あれもいけない、これもいけない…、いけないことばかり言ったが、これくらい言わないと、たいしたことないからって何をしでかすかわからないからね。みんなボクのためだからなあ」って。

　何日かたって、パパのほうから
「今年はやめて、来年にしよう」ってママに言っているのが聞こえました。

ママは自分の意が通ったものの、ちょっと残念そうでしたよ。

ボクはどう思ったかですって？

もちろんホッとしましたよ。

ボクはいつもどおりがいちばんいいんだから。

日焼けはゴメンです

ついこのあいだ、パパの実家行きをあきらめたパパとママ。あのときは、ボクのパパとママってえらいなぁって感心したものです。ですが、今度は海へ行こうか、という話になってしまったんですねぇ。

パパとママも、せっかくの夏だからどこかに行きたいんでしょう。近場の海岸にちょっと行くくらいならボクの生活を乱すこともないし、少し日に焼けたほうがカゼへの抵抗力もつくから…ですって。ボクはかえってそのほうがいやなんだってことがわからないのかなぁ…。

ボクのような小さな赤ちゃんは、まだ皮膚が弱いし敏感だから、そんなところで肌を焼いたら、真っ赤になっちゃいますよね。ましてや水ぶくれにでもなっちゃったら、大変じゃないですか？

もし、お湯をこぼしてヤケドをしたとしましょうか。皮膚が赤くなるのは第I度のヤケド、水疱ができるのは第II度のヤケド、っていいますよねぇ。お湯のときには少しでも赤くなったら大変とさわぎますが、日焼けではぜんぜん気にしないみたい。

でも、お湯と太陽とがちがうだけの話で、日焼けもりっぱなヤケドでしょ？

それに、海辺って太陽光線が強いでしょ。熱中症になってしまいます。

だから、本当は行きたくないんだけど、どうしても行くなら、部屋の中にいるか、日陰にいるか、とにかく陽ざしは絶対にさけてくれなければ病気になっちゃいますよね。

カゼをひかなくする、丈夫にするための日光浴は、秋から春先にかけての弱い陽射しのときにしてもらいたいな。先生からよーく注意してください。

お願いしますね！

パパのおてがら

今日はパパがえらかったときの話をします。

パパがボクに上機嫌で言うんです。

「オイ、パパは先生にほめられちゃったんだぞ。たいした知恵者だって。病院で先生にかわってお母さんたちに話をしてくれないか、だって。本当だよ！」

それを聞いたママはおもしろがって

「ずいぶんオダテられたのねぇ」とパパをからかいましたが、本当はママもパパに感謝しているんです。

あれは、あつい日の午後のこと。

ボクとママが買い物に行くとき、パパがバッグの中にボクのセーターを入れて行けと言ったんです。

ママは「なにもこんなにあつい日に、荷物になるからいらないわよ」と言ったのですが、パパは強引にバッグの中につっこんだんですねぇ。

ボクも、なんでこんなことするのかと思いました。

またたくさん着せられて、あつい思いをするんだったらいやだなぁって、ちょっぴり心配したくらい。

でも、それがあとで役にたったんです。

その日の外の温度は33度、買い物のために入ったスーパーマーケットは22度、その差は約11度だったらしいんですが、しばらく買い物していたら、ボク、寒くなっちゃったんです。

ボクの顔色が青ざめてるのを見て、ママはさっそく持ってきたセーターをとり出して着せてくれたってわけ。

パパに感謝しましたねぇ。

でも、これは山登りの好きなパパにとっては、あたりまえのことだったんです。

山のふもとと2000メートルの高さのところでは、だいたい12度くらいの温度差があるのがふつうなんですって。

だから、夏でも山に登るときには、セーターなど防寒のための衣服を持って行くのが常識らしいんです。

パパは、この知恵を今回のことに応用したんですねぇ。

それからパパは、さらに得意になって先生からのうけうりを言っていましたよ。

ふつう人間のからだは、温度差が10度以上になると、体温の調節がうまくいかなくなるんですって。

調節がうまくいくのはせいぜい4～5度くらいの温度差までだから、あついからってガンガンに冷やすのではなくて、部屋の温度も外より4～5度涼しいくらいでちょうどいいということらしいんです。

クーラーは温度を下げるばかりでなく、除湿作用もありますから、それだけでもかなり涼しく感じるそうですよ。

でも、だからって、赤ちゃんにはクーラーは冷えるからいけないなんて言わないで、じょうずに使ってね！

何度も言うけど、ボク、おとなの勝手な想像で、あつい思いをするのはいやだからね！

冬だって、夏だって…。

お誕生を迎えた子どもをもつ母親が3人。眉間にシワをよせて井戸端会議の真っ最中。この3人、それぞれ子育てであったことをお互いにグチることで何かを得れば…との考えらしい。フムフムどうやら今日の話題の中心は夫へのつもりつもった不満のようだ。

さあて、「3人寄れば文殊の知恵」の諺《ことわざ》どおりにいきますかどうか、さっそく耳を傾けてみるとしよう。

●

会議の口火をきったのはA子さん。

「夜泣きがひどくて毎晩眠れなかったときのことよ。それでも朝になれば主婦としての1日が容赦なくスタートするわけでしょ。疲れちゃって、ついパパにもつらくあたっちゃったのよ。夜泣きのときくらいたまには『ボクが抱いててあげるから、キミは少し眠りなよ』とやさしいことばをかけてくれたっていいと思わない？　それがどう？　夜泣きがはじまるとフトンをかぶっちゃうんだから。ときには『うるさい』ってフトンを持ってほかの部屋にお引っ越し。くやしいなんてもう！　たまらず『この子はだれの子？　あなたの子でしょ！』とどなって泣いちゃう夜もあったのよ」

これを聞いたB子さんは待ってましたとばかりに

「うちなんて、子どもがポットのお湯で手にヤケドをしたとき、何て言われたと思う？『1日中うちにいて子どものめんどうもみられないでヤケドさせるなんて最低の母親だ』って。さすがにあとで言いすぎたと反省したみたいだけど、悲しくなっちゃった」

C子さんもしてやったりと

「うちのパパも同じ。子どもが急に熱を出したときのことよ。お医者さまから、カゼだから心配ないと言われヤレヤレと思っているところに帰ってきて、『薬は飲ませたんだろ、熱が下がらないなんておかしいじゃないか！』とすごいけんまくで怒るの。こっちは冷静に説明しようとしてるのにイライラして聞く耳もたず、バカみたい！」

3人のママたちの共通した悩みは、

「子育てはハタから見るとラクなように思えるかもしれないけれど、神経だってつかうし決してラクな仕事じゃない。それもわからずパパだけが忙しいみたいに言うのはもってのほか。2人の子だから助け合って育てようと言ったのはウソだったの」

ということらしい。

ママだってときにはグチりたい！ 3人のママの井戸端会議

しかし、さすがに「3人寄れば文殊の知恵」!? あれこれ3人で話し合った結果、ひとつの結論めいたものにたどりついたらしい。

それを代表でC子さんが言ってたよ。「まあ、パパだって内心は私たちに悪いと思っているところもあるのよね。もんくばっかり言ってるとついついむこうもイライラするというわけ。これからはおだてて一緒に子育てしてもらう手でいきましょうよ。オトコは調子がいいからすぐのってくるわ。合言葉は『ホメ殺し』。ホメてホメてホメまくるのよ。本当に殺しちゃあいけないけど…」

●

すごい結末になりましたが、まあ、これもひとつの知恵、世の母親たちはこうして少しずつたのもしくなっていくんですかねえ。

赤ちゃん先生
からの
アドバイス

気持ちよく
子どもを預けるための
ポイント10

❶保育者を信頼して預ける

❷保育者へのあいさつや感謝のことばを忘れずに

❸子どもの健康状態は、正確に伝える

❹お迎えのときに、その日の子どもの様子を聞いて帰る

❺保育者との約束や決められたことを守る

❻保護者の連絡先は明確に伝える
変更があるときにはすぐに伝えること

❼連絡事項に書かれていることには注意をはらう
疑問があるときは、たしかめて

❽保育方法に疑問があるときは、直接当事者と話し合う
いたずらに第三者に相談をもちかけたりしない

❾保育者の気持ちを大切にすること

❿親子が一緒にすごせる時間をなるべく多くつくること

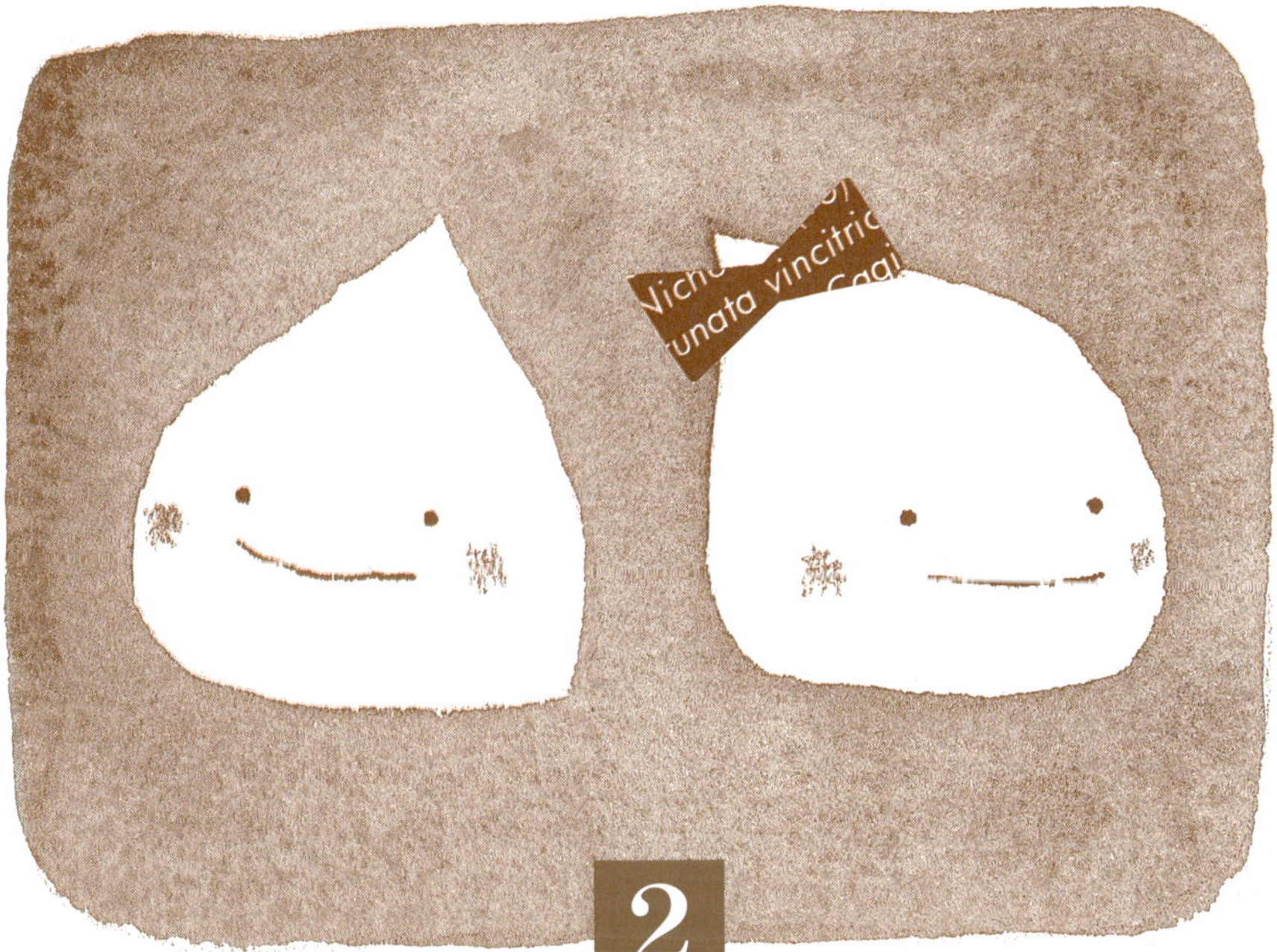

2 育児常識にふりまわされないで

育児をしてるとね
いろんな人がいろんな ことを
言うから…
ときどきママとパパは
何が本当で何がまちがいなのか
わからなくなっちゃうんだって！
常識に惑わされずに
ボクたちのことを
ちゃんとみつめてほしいな
これ、ボクとワタシのお願いだよ

指しゃぶりはボクの勝手

先生、ボクの話を聞いてください。

ボクは生まれて3ヵ月でしょ。

まだ自分でからだを動かすことはできないし、ああしてほしいとか、こうしてほしいと思ったって、口もきけませんよね。

ママやパパがそばにいて、しょっちゅう相手になってあやしてくれればたいくつしないし、うれしいですよ。

だけど、そうもいきませんから、ボクはボクなりに、自分で楽しむことをみつけたんです。


それは、1ヵ月前ですから、ボクが2ヵ月のころです。

手を顔の前に持って行ったら、あるんですねぇ、おもしろそうなものが!

ボクはそれが、指というものだとは知りませんでしたが、ちょっと口に入れてみたくなったんです。

気がついたらボクは夢中で吸っていました。

なかなかいいもんでしたよ。

よし、こんないいものがあるなら、と口もとがさびしかったり、だれも相手してくれないときは、これにかぎると思いました。

こんなてごろなおもちゃはどこにありますか。

1本吸おうが、2本吸おうが、自分の勝手でしょ。

それにこれが、なんとなくおちつくんですねぇ。

でも、そのことがママは気にいらないみたい。

「どうして指しゃぶりするの？　何が不満なの？　こんなにかわいがっているのに…」って、悲しそうな顔をしてのぞきこむんですよ。

近ごろは、「ダメッ」って指をむりやりとってしまうんです。

クセになったら大変だからって。

そんなに指をしゃぶるのはいけないことなのかなあ？

ボクだって、もっと大きくなって、いろいろなものがつかめたり、からだを動かしてあそべるようになれば、指であそぶことなんて忘れちゃうよ。

クセときめつけるからなんだか悪い印象を受けるんで、習慣が続いているくらいに思えば、ママもイライラしなくてすむと思うんだけどなぁ。

ママはボクがはじめての子だからって、本を読んだり人に聞いたりして一生懸命勉強してるんだ。

だけど、まちがっていることと正しいことをちゃんとわかってくれないとね。

欲求不満だとか、愛情の不足だとか、そんな心配はいらないんだからね。

ボク、抱っこしてほしいな

先生、今度は抱きグセのことなんです。

ママったら、ボクのやることをクセにしてしまうことが得意なんだなぁ。

　ボクが目をさましました。

オムツがグッショリぬれていました。

ママはすぐにかえてくれました。

ボクはママの顔が見えたので、うれしくなって、手と足をバタバタさせてアイキョウをふりまきました。

だって、抱っこしてほしかったんだもん。

　だけどママは
「いい子だからねんねしていなさい」って、抱っこしてくれなかったんです。

忙しいなら仕方がないけど、そうでもなさそう。

　こうなったらボクだって、だまっちゃいません。

そうです。泣きました。

目的を達成させるまで泣き続けるつもりでいたら、抱いてくれました。

やった！　と思ったのもつかのま、

「ちょっとだけよ。抱きグセがつくと、ママは仕事ができないし、わがままな子になっちゃったら困るから」

と、また寝かされてしまったんですね。

　ボクは泣きました。

もう少し抱っこしていてほしかったんです。

　かかりっきりになれば大変なことはわかります。

だけど、しつけの面でとやかくいうのは感心できないと思うんだけどな。

依頼心が強くなったり、わがままになるなんて、そんなことはありませんよねぇ。

もしも仮に抱きグセがついたとしたって、せいぜい生まれて1ヵ月から3ヵ月くらいのことでしょう。

ボクら赤ちゃんだって、4～5ヵ月をすぎれば、早い子だとママの膝の上ではねたり、自分で寝返りだってするようになりますよ。

8～9ヵ月ころになれば、はったり、つかまったりして、じっとなんてしていませんからね。

抱かれるよりも自分で自由に動きたくなっちゃうんだから。

大きくなってから抱きグセで困っているという話はあまり聞かないでしょ。

　だからといって、むやみに抱っこしてくれと言っているわけじゃあないんです。

眠っているのを無理に起こしたり、せっかくひとりであそんでいるのに、抱っこされるのはあんまりありがたくないんだなぁ。

それに、ボクが泣いてるからって、なにがなんでもすぐそばにきてって言ってるわけじゃあないんだ。ようは、回数よりも気持ちがだいじってこと。そのかわり、お仕事がかたづいたら、抱っこしてね。

生意気を言うようだけど、抱いたら抱きグセがつくなんていう、世間のまちがった常識におさらばして、ボクとしては抱きしめて育てるくらいのママになってほしいなぁ。

スキンシップに最高だよ。

ボクが、大きくなってから「抱っこさせて」なんて言われたって遅いからね！

いまのうちだよ！

いびつ頭!? 大切なのはなかみだよ

本当によその人というのは、よけいなことを言うんだなあ。

それが原因で、パパもママも、またよけいな心配をしなくちゃいけなくなっちゃった。

ボクの頭の格好がおかしいと言うんですよ。

それだけならまだいいんだけど、頭の形が悪いと斜頸だったり、発達がおくれることもあるなんて、おどかされたわけです。

まったくいいかげんですよ！

口がきけたら「バカッ」ってどなってやりたいよ。

それから、パパとママはボクの頭をじーっと見て、やっぱり頭の右側がぺっちゃんこだし、ほっぺも左より少し腫れていると言うんです。

ママはそれからが大変でしたねぇ。

ボクの頭の形を一生懸命になおそうと必死でした。

左へ頭を向けて寝かせようとするんです。

ボクははじめは左を向いて寝ていますが、どうしてもそのうち右を向いてしまうわけです。

べつに痛いとか、苦しいとかではないんですが、自然とそうなっちゃうんですね。ママはそれでも、どうしても左に向かせたいと、タオルや毛布で右に向かせまいと押さえたり、つっかい棒をするのですが、結局はダメなんですねぇ。なんとかという枕を買ってきて使ったのですが、これもまったく効果なし。寝ているうちに、枕がはずれちゃうんです。


ボクだって、頭の格好が悪いよりはいいほうがいいにきまってるから、なおしたいんだけれど、どうしても右に向いちゃうんだからしょうがないんです。ママはなにをやってもダメなものはダメということがわかったんでしょう。「本当に強情な子なんだから」とブツブツ言いながら、先生にボクの頭をみてもらいに行きました。


先生は、それはそれはわかりやすいように言ってくれましたね。

「水は低いほうへ流れるのは知っているだろう。それと同じように考えればいいんだよ。頭も、ペチャンコになっているほうに向くものなんだ。それが寝ているときにはラクなのではないかなあ。それがその赤ちゃんにとっていちばん自然だということだよ。だからなんとかして逆のほうに向かせようとしてもムダな話だ。なんとかの枕がよい、というようなことを言っているが、だいいち赤ちゃんがきちんと枕なんかしているわけがないから効果は期待できないよ。

赤ちゃんは、おなかの中にいるときに右か左かどちらかに向いているのがふつうなんだ。おたくの子はおなかの中できっと右を向いていたんだろう。逆子（骨盤位）で生まれると斜頸ということもまれにあるが、首にしこりがないから大丈夫。そのうち左にも向けるようになるし、お誕生すぎればめだたなくなって、いずれはなおってしまうから安心しなよ」

ママは、このほかにもいろいろと聞かされて、やっと安心したみたい。

　頭がいびつだから発達がおくれるなんてとんでもない。問題はなかみですよねえ。

ボクは、パパとママのよいところを受けついで生まれてきたから、リコウだと思っているんだよ。

きっとそうだよね！

うつぶせ寝にひとこと言わせて

ボクがうつぶせで寝るのを心配していたママとパパ。

赤ちゃんをうつぶせに寝かせると、いろいろといい点があるという話も以前にあったけど、いまでは問題点が出ているとかで、どうも心配みたい。

からだが弱かったり、アデノイドがあったり、心臓の病気をもっていると、子どもはうつぶせに寝ると何かに書いてあったこと、それから近ごろでは乳幼児突然死症候群（ＳＩＤＳ）の原因の1つにうつぶせ寝があげられていることなども、頭にこびりついているらしいんです。

だけど、パパだって、フトンに入ってうつぶせで週刊誌を読んでそのまま寝てしまうことがあるじゃない。

だからボクだって大丈夫だと思うんですが、どうなんでしょう。

そこで、また例によって先生のところへ相談に行ったってわけです。

そのときの先生のお話はこうでしたね。

「イヌやネコなどの動物の姿勢というか寝相はどうだろうか」だって。

そういえば、あお向けで寝ている動物なんていませんよね。たいていは横になっていたり、うつぶせになっていたり、からだを曲げて寝ていたり…、まちまちですよね。きっとそれがその動物にとっていちばんラクな寝方なのでしょう。

人間サマの場合はどう？

実際には、人間の子どもでもうつぶせに寝る子は多いんですって。そうして、うつぶせに寝るからといって、病気だとか異常があるなんて子はほとんどいないみたい。

うつぶせだろうが、脚を曲げて眠ろうが、その子にとっていちばん自然でラクな寝方なら、それは親がとやかく言うことではないんですって。まぁ、寝相まで干渉されたらおちおち寝ていられませんからね。好きなようにしてくれるのがボクもいちばんだなぁ。

だけど、だけど、ですよ！

それは、いまのボクみたいに大きくなって、自分自身で寝返りを自由にできるようになってからの話。自力では寝返りもできなくて、首がまだすわっていないころから、うつぶせに寝かせたほうがよいという説があったけど、これはちょっと問題があるみたい。

まれに、医学上の理由から首のすわっていない赤ちゃんをうつぶせ寝にすることはあるけど、それはお医者さんや看護師さんの監視があってのこと。シロウトが勝手にするべきことではないんだって。

もちろんフトンのかたさだとか、まわりに赤ちゃんを窒息させるようなものがないかなどの注意も必要。

ここが大切なんだなぁ。

自分で動けないころにはあお向けに、そうして自分で勝手に動くようになったら、どうぞご自由に…、がいちばんいいということかな。

パパだってママだって、ボクと同じようにうつぶせに寝ていたりあお向けに寝ていたり、自由気ままに寝て大きくなったんでしょ？

それでも頭の形やスタイルもそこそこいいんだから、寝相とスタイルはあんまり関係がないということかな。

それにしても、うつぶせがいいといわれたりダメだといわれたり…、次から次へと新しいことがいわれますから、子育てはむずかしくなっているんですかねぇ。

母乳が最高！だけど条件ありだよ

「赤ちゃんが生まれたら、母乳で育てよう！」

そんなふうに思っている人は多いです。

たしかに、母乳には免疫があるし、なんといっても人間の母親のお乳！組成からいったって、異種タンパクの牛乳やミルクとはちがって、同種タンパクですからね。

人間の子が、人間の母親のお乳を飲むわけですから、赤ちゃんにとっては、いちばん自然な栄養というわけです。

それから、母乳を吸うことでボクたちがなによりうれしいのは、肌と肌とのふれあい、スキンシップというのでしょうか。

これはたしかにボクらにとっては幸せなことです。

でも…、ボクの場合、この幸せは4ヵ月くらいしか続きませんでしたね。

そのころママは、母乳がよく出たので、一生懸命に飲ませてくれました。

ボクもおなかがすくと、待ってましたとばかりにママのおっぱいにかぶりつき、ぐいぐい飲んで、おなかがいっぱいになるとぐっすり眠って…、そんな毎日をすごしていたんです。

それが、いつからでしょうか、ママのおっぱいが少しずつ少なくなってきて、いくらボクが一生懸命に吸ってもなんだかものたりないんです。

もろちんボクは「足りないんだよぉ」という気持ちをこめて、泣きましたよ。ママは、ボクがおっぱいだけでは足りないって気がついたんですね。ミルクを足してくれました。

でもボクは、乳首の感触がいままでとあまりにちがうもんだから、とまどってしまい、うまく吸えなかったんです。

そんな日が何日か続いたわけですから、当然体重もふえないし、ウンチだってあまり出ません。

飲んでないんですからね、あたりまえですよ。

ママがどんなにがんばったって、母乳はあいかわらず少ししか出ないし…、とうとうボクは元気までなくなってしまったというわけ。

そこで、またまた先生のところへ…。

先生はスパッと言ってくれましたね。

「もう母乳はたいした量は出ていないようだね。離乳食を食べさせるったって、まだそんなにたくさん食べられるわけないんだから、まずはミルクを飲ませることだ。ボクが何度も母乳を飲んでるとママは言うが、どれくらい飲んでいるのかはかったことはあるのかい?」だって。

「50とか100ミリリットル飲んだら　チンとか鳴るようなしくみでもあれば

わかるだろうけど、あいにく科学はそこまで進歩はしてないからなぁ」

なんて皮肉まで言われちゃいました。

でもね、ボクはそのことばを聞いていて、なるほどなあ、って感心しちゃった。いくら母乳は最高だっていったって、それは十分に出て、飲んでの話ですよね。いままでおっぱいに慣れてたボクは、ミルクよりおっぱいのほうが魅力的に感じていたけど、それはただしゃぶっていただけなんです。だから、少しくらいボクがいやがったからといってあきらめずに、ミルクを飲ませるようにしたほうがいいみたい。

ボクだって慣れれば上手に飲めるようになるし、第一最初からおっぱいが出ないママだってたくさんいるけど、ミルクだからいけないということはないんだから…。スキンシップだってできるんだよね。

それからママは母乳にそんなにこだわらなくなりました。ボクもだんだんミルクを飲むのが上手になって、体重もふえ…、また平和な日が訪れたってわけ。あ〜よかった、よかった！

おっぱいがあきらめきれないワタシの場合

先生、ワタシのみかたになってくれて、ありがとう！

ママも先生に言われたので、しぶしぶだけど、おっぱいを吸わせてくれるのでワタシ、たすかっちゃった。

保健センターでママは「そろそろ母乳をやめなさい」って言われたものだから、ワタシがいっくら泣いたって、おっぱいをくれなかったんです。

でもね、ワタシはママのおっぱいを吸わなければ眠れないの…。

たしかにママのおっぱいはもうちょっとしか出ないし、ただしゃぶってるだけ。だけどお乳を吸う、というかママの肌にふれることでなんだか、とっても安心できて、ぐっすり眠れるんだもの。

保健センターではこうも言われたんです。

「眠れないから睡眠薬を飲むのと同じように、おっぱいだってクセになるわよ。それで、ほかのものを飲んだり食べなくなったら大変」だって。

たしかにおっしゃるとおり、そのことが問題になるんですよね。

だけど、ワタシは、いまでは離乳食だってよく食べるし、ミルクだってちゃん

と飲んでいるんです。

昼間は楽しくあそんでるし、ママのおっぱいのことなんて忘れているんだけど、夜寝るときになると、どうしても恋しくなっちゃう。

そんなとき、相談に行った先生の、小学校のおともだちの話を聞いて、ホッとしたんです。小学校に入ってもおっぱいを吸ってた、という話ですよ。

「母乳をいつまでも吸っていると、自立性のないわがままであまえんぼうの子になるっていうけど、アイツはいまでは会社を経営していてたいした実業家だよ。口八丁手八丁で、自立性がないどころか、やりすぎて困るくらいだ。だから、ママもあまり気にしないで、おじょうちゃんとの2人の秘密にしていればいいんだよ。へたに先生なんかに相談しないことだ。相談されれば、ついつい注意しなければいけなくなっちゃうからねぇ」だって！

事実、もしもミルクや離乳食を口にしないで栄養的に問題がある子だったら、そくざにやめさせなければならないからって。

この話を聞いてから、ママはおこらないで夜には吸わせてくれるようになりました。

でもね、実はこのごろはときどき忘れて吸わないうちに寝ちゃうこともあるの。もしかしたら、ママにはちょっぴり悪いけど、あきちゃったのかな、そろそろやめられるような気もしているの。

だけど、やめたら今度はママがさびしがるんじゃないかなあ…。

よだれはワタシのチャームポイント

うちのママったら、ワタシのようなレディーに向かって、今度はワタシがよだれをたらすのが心配、なんて言うんですよ！

「ママもパパも赤ちゃんのころ、よだれをたらさなかったのに、どうしてこの子は…」なんて、そんなことおぼえてるわけないのにネ。

なんだかワタシ、傷ついちゃう…。

そういえば、先生がまえに言ってましたよね。

「よだれとはどんなものなのか知ってるかい？」と質問すると、とっさにこたえられる人は少ないって。

よだれは、つばき（唾液）が口の外に出たもの、ただそれだけのものですよね。つばきは、ふつう生きていればおとなでも子どもでも出ているものでしょ。

ふだんは自然に飲みこんでるわけだけど、つばきの量が多かったり、うまく飲みこめないときには口の外に出てくる、それがよだれなんです。

だから、もしも病気なんかでつばきを飲みこめなくなったら、当然、外によだれとして出てきます。

よく脳出血かなんかで倒れた人が、よだれをたらしてることがあるでしょう？

これはたしかに異常です。

でもネ、それとワタシを一緒にしてほしくないな。

ワタシみたいな赤ちゃんは、まだ飲みこむのが上手じゃないんですもの。

赤ちゃんのうちは、よだれをたらすのがあたりまえですよねぇ。

よだれは赤ちゃんのチャームポイントくらいに思ってくれるといいんだけど…。

ことに、ワタシみたいに大がらで、食欲旺盛の丈夫な子はよだれも多いそう。

先生は「そんなことより、ふだんはあまりよだれが出ない子が急に多く出たときに注意しなさい」ですって。

口内炎なんかで口の中がただれてることがあるからだって。

いままで出てたよだれが出なくなったときもそう。

それは、あつくて汗をたくさんかいたとか、下痢をしたとき、つまりからだの水分がなくなったとき、ということですよね。

だから、ママもつまんないこと考えないで、ワタシが急によだれをたらさなくなったら、せいぜい水でもたっぷり飲ませてね！

わかってくれた？

太ってる　ヤセてると言うけれど…

最近は、なんだかんだとややこしいことが多いですよネ。太りすぎの話もそう！

おとなの世界では、最近太りすぎが問題になってるらしくって、そのおかげでワタシたち赤ちゃんまでとばっちり！

事実、太りすぎの問題は、いまや乳児期にまで波及（？）していて、ワタシのことを「太りすぎの赤ちゃん」だなんて平気で言うんだから、失礼しちゃう！ひらきなおって「太ってて なにが悪いの！」と叫びたくもなりますが、どうにもなりません。

ワタシだって、自分から太りたくって太っているわけじゃあないんです。だけど、事実6ヵ月で体重8500グラム、身長69センチですから、まあ、そう言われても仕方がないかな、とは思っているんです。

でもママはどうも必要以上に心配してるみたい。ワタシが女の子だから？

でもね。先生から話を聞いてホッとしたみたいですよ。

それは、赤ちゃんの発育の様子をみる、身体発育曲線（そうそう、パーセンタイル値とかいわれるアレです）の、標準値のこと。

標準をちょっとオーバーしてたり、逆にちょっと足りないくらいでガタガタさわぐことはないんですって。

もちろん、標準値よりも上だからえらいとか、下だから悪いなんてことはないし、数値だけをウノミにして、ふりまわされないようにすることだって！

これはあくまでも目安ですからね。

それに、もしも赤ちゃんのときに太りぎみだったとしても、それがずっと続くとはかぎらないって。

乳児期にポッチャリとしていた子どもが、小学校に入るくらいの齢になったときに、肥満といわれるほど太っているという例は少ないって。

だから心配いらないそうですよ。

体重は、6ヵ月くらいまではどんどんふえることもあるけど、月齢がすすむにつれて少なくなってくるのがふつうらしいんです。

赤ちゃんは、1歳くらいになってくると、自分で自由に好きなところへ移動することもできるようになってくるでしょ。

知恵だってついてくるし、まわりへの興味もふくらんで、小さいときのようにおとなしくはしていませんよネ。

だから自然にからだもスリムになってくるというわけ。

まあ、これ以上ふえたらいけないと、赤ちゃん自身が無意識のうちにダイエットしているわけなんです。

おおまかにいって、赤ちゃんは1歳のお誕生生を迎えるまでは横（体重）がふえる、1歳すぎからはたて（身長）がふえると思っていればまちがいないって。

それはそうと、こんなにママたちが気にするのは、指導する立場の人が親の気持ちも考えないで、太りすぎだ、ヤセだ、とかんたんに言うことにも問題があるらしいんです。

そういえば、身長体重曲線には、太りすぎ、やや太りすぎ、ふつう、ヤセ、ヤセすぎの欄があるけど、あれもいやですねぇ。

親としてはそんなとき、「ふつう」以外のところに印をつけなくてはいけないとなると、いい気持ちがしませんよ。

そんな書き方はやめて、みんなも先生がそう言ってくれるみたいに、大がら、中くらい、小がら、とか言ってくれれば、だれも傷つかないですむのに…。

最後に、先生はこうも言ってました。

体格は、両親の家系にも関係があるって。

そういえば、ワタシのパパもママも、背が高くってガッチリタイプ。

その親から生まれたんだもの、大きくてもあたりまえですよね。

だから、パパもママも、もう勝手に心配しないでね！

ミルクはだれが飲むのかなあ

「お母さん、日本中探したって、ミルクを飲まないで赤ちゃんが死んだという話は聞いたことがありません」と先生が言ったのは、ボクが生まれて4ヵ月のころ。どうしてもミルクを飲まないボクにママは閉口し、診察を受けたときのことです。

さらに先生は、

「赤ちゃんが病気のときは仕方がないが、元気なときに飲む、飲まないというのは、親の考えひとつによるものだ」とも言いました。

ミルク嫌いは親がつくるというわけです。

飲まないという赤ちゃんの月齢をみると、2つのパターンがあるみたいですね。

最初は生まれて3〜4ヵ月ころ。目が見えて、音が聞こえるようになると、あたりに気が散ってキョロキョロ。〃あそび飲み〃のはじまり。これは月齢がすすむにつれてだんだん本格化してくるんですって。

それまではミルクのみ人形みたいに機械的に飲んでいたでしょ。

体重のほうもぐーんとふえますよね。

このまま太りすぎては大変と、飲む量を少なくして、自分なりにダイエットしているんだそうです。

それをいままでよりも飲まないからと、さわぎたてられたら、いやになっちゃいます。

ミルクを飲むのは赤ちゃんです。

それを何時間おきに◯◯ミリリットルを飲ませなきゃいけないなんて決めるのは、親の身勝手じゃないですか。

「自律授乳」でいきましょうよ。

むずかしく考えず、時間とか量にこだわらずに赤ちゃんが飲みたいときに飲みたいだけ、与えればいいんです。

次は離乳食がすすんでくるころによくあるんですって。

お乳だけの味の世界から、食べることによって、未知の味や舌ざわりをおぼえてきますからねぇ。

お乳にそろそろあきてきた赤ちゃんは、よく食べるでしょう。

甘い食品や味の濃い食品は、赤ちゃんにとっては禁断の実なんですよね。

それを与えたくせに、ミルクを飲まないと文句、言えますかねぇ。

だから親が勝手なことをしておいて、ミルク嫌いをつくっちゃうんだ、とボヤきたくもなるわけです。

ミルクを飲んでくれなくても、〝がまんする〟、この気持ちをもつことが親にとっては大切ですって。

無理強いしてもダメ。

そんなことをすれば、ますます飲まなくなりますよ。

とにかく、栄養がとれないからと、その場かぎりのことをするのがいちばんいけないんですって！

タカイタカイは夜泣きのもと⁉

ボクがネ、最近、あんまり夜泣くもんだから、パパとママが困っていました。どこかが悪いのかと診察を受けましたが、べつに異常はなく、結局は「興奮しすぎ」のためとわかり、一件落着！　解決しました。
今日は、そのときの先生の説明がおもしろかったので、ボクが先生のかわりに、全国の、夜泣きするおともだちに聞いてもらおうと思います。エッヘン！

先生は、ボクのからだに異常がないことをたしかめてから、ボクの寝る時間、オフロのこと、食事のこと、パパが帰ってきてからのこと…など、ボクの宵の口からのようすを、ウンウンと一言もおっしゃらずにママから聞いていましたが、開口一番
「原因は、はしゃぎすぎ！　タカイタカイは夜泣きのもと」ときっぱり。
ボクのパパは朝でかけるのが早いから、ボクとのスキンシップはもっぱら夜。パパのあそびはダイナミックといいますか、ボクには、とっても楽しいんですね。ところが先生は、ボクがタカイタカイなんかをしてもらって、キャアー、キャア

ーと声を出しているのは、よろこんでいるのと同時に一方では「やめてくれー」と言っていることもあるって言うんです。

うん、たしかにそう言われてみれば、ボクもあんまり何度もされると、こわいなって思うこと、あったんです。

だって、もしもパパの手からすべって下へ落ちでもしたら大変でしょ！

実は、夢に見ちゃったこともあるくらい…、なんてちょっと大げさかな。

先生は「よろこんでるのはパパくらいだよ。だいたい、タカイタカイをしたからって、将来棒高とびの選手になれるわけじゃあないんだからねぇ」

そんなひどいことまで言ってました。

それと、バアーッとおどろかせたり、おなかをくすぐって笑わせたりするのもいいかげんにしないといけないって。

ほかにも、赤ちゃんが夜泣きをする原因はたくさんあって、なかにはいろいろな原因がいくつも重なって、やっかいなこともあるようですねぇ。

たとえば、おなかがすいているとき、ノドが渇いたとき、運動・外気浴の不足、あつすぎるとき…、それから着ているものがきついとき、昼寝のしすぎや夕方早くから寝かせたとき、ひとり寝のさびしさ…（いっくらしつけの意味があってもママのそばで寝たいんだからね！）、それと、今回のボクのように精神的に興奮したとき…。

ざっとこんなぐあいだから、よく考えて自分の子にあてはめてごらんって言ってたよ。

そうそう最後に先生はこうも言ってましたね。

「だいたい夜泣きなんて、とりたてて問題にしているが、赤ちゃんは昼だろうと夜だろうと、泣きたいときに泣くもんだよ。昼間ならどうってことないけど、夜だから問題になるんだ。だけど、それでは母親のほうがイライラして悲しくなっちゃうだろうよ。ボクたちのように声を出さないで、心で泣いているわけさ。これが本当の夜泣きの姿だよ。ここは、パパにも協力してもらって、手をうたないとなあ」だって。

オチンチンをいじるエッチじゃないよ

ボクね、赤ちゃんだから仕方ないけど、オムツをしてるっていうのはなかなかキュウクツなもんなんですよ！　紙のオムツだから、オシッコしても少しさっぱりしてるけど、それだってオムツをしてることにはかわりないでしょ。

その点、夏はいいですねぇ。夏はむれるからってオムツをとってくれるときがあって、ボクはうれしくなっちゃって、つい手がオチンチンのほうに行っちゃうんです。べつに深い意味なんてないんですが、なんとなくいじってたり、伸ばしたりしてあそんでいるんです。

それを見たママったら、大さわぎ！

「やめなさい！」ってボクの手をひっぱってたたくんです。

だけどね、ボクだって、いつもいつもいじってるわけじゃないんですよ。おもちゃを持ってあそんでるときにはしませんし…。

でも、ママはなーんかヘンに心配して

「この子、ヘンなんじゃないかしら…」ってパパに言いつけたんです。そうしたら、パパも「おかしいなぁ」なんて言うんですよ！

それで先生のところに行ったのですが、ママったら、真っ赤な顔をして、ひどいことを言うんですよ。

ボクの〝性器いじり〟がはじまったって！

ジョーダンじゃあないですよ！

なにをママは考えてるんでしょうかねぇ…。

そんなだいそれたことじゃあないのに…。

でも、先生はさすが！

「ボクがいじりたかったら、いじらせておけばいい。あきたらやめるよ。山登りする人はね、そこに山があるから登るんで、ボクだってそこにオチンチンがあるからいじるってわけさ」

だいたい、パパもママも考えすぎってもんですよね。

もしかしたら、もっと年齢の高い子どもがいじる、オナニーってやつのはじまりだとかなんとか考えてるんじゃあないでしょうねぇ。

ボクがオチンチンをいじるのは、たしかにそんな悪いかんじはしませんが、いじって楽しんでいるなんていう気持ちもないんですよ。

おとなの考えるような、性感だとか、快感だとかとは全然関係ないんだけどな！

いじってるボクよりも、ヘンなこと想像してるパパとママのほうが、ずうーっとエッチなんだから！

先生はそれから、もっとユニークなことも言っていましたね。

赤ちゃんは生まれながらにして3つのオモチャをもっているんですって。

1つは指、いつでもどこでも口に入れてあそべて便利ですよね。

2つめはママの顔、喜びも悲しみも喜怒哀楽っていうやつで、もろに顔に出てきますからねぇ、ヘタなお面よりも楽しめます。

そうして3つめが、これこそ男の子だけの特権！　特別じたてのオモチャ！

ママがさわいだオチンチン！

いじって伸ばそうが、握ろうが、ボクのものなんだから、とやかく言われるすじあいはないでしょ。

いじくりまわして、とれちゃった！　なんて話も聞いたことはないですよ。

パパだって、赤ちゃんのときにはボクと同じでいじってたはずですよーだ。

ただね、気をつけなくちゃいけないのは、オチンチンの袋（陰のう）や先のところがただれていて、かゆくていじってる場合もあるんだって。ボクの場合は無傷でしたけど。

これで、ママにささげる性教育を終わります。

えらいでしょう、ボクは。

〝飲まないから食べさせる〟では悪循環

「乳児というのはお乳を飲むから乳児というんだよ。それをだなあ、ボクみたいなのは先生からみれば、乳児の反逆児というか、問題児なんだよ」

ボクがこんなひどいことを先生から言われたのは、7ヵ月になったころでした。先生はいつも口が悪いですよねぇ。

今回の場合はこんなことでした。

ボクが最近ちっともミルクを飲まないし、体重もさっぱりふえないので、ママは相談に行ったんです。

診察してもからだは異常ありません。

体重がふえないのは、ミルクを飲まないためのようでした。

ここに大きな問題があったんですねぇ。

それは、ママが本で読んだり、ともだちから聞いた育児知識がよくなかったのでしょう。

ボクが、ミルクは飲まないけど離乳食はほしがってよく食べるので、その分、離乳食をたくさんすすめて2回を3回にふやしちゃったんです。

ママと先生のやりとりをそばで聞いてるとおかしかったですよ。

「飲まなかったので、食べさせたんだろう」と先生。

「そうです。このままだと栄養がとれないから…」とママ。

「その気持ちはわかるけど、離乳食ばかり早くすすめるのは感心できないよ。そのためにミルクを飲まないなら、離乳食のほうをひかえたほうがいいくらいなんだ。飲まないから食べさせた、食べさせたから飲まないというのでは、いつまでいっても悪循環さ」

「でもね、先生。この子食べたがるんですよ。私が食べてるとジーッと見ているんですもの」

「ちょっと待ちなよ！　ボクが食べたいって言ったのかい？　ママを見てたのは、食べてる格好がおかしかったのかもしれないね。何度も言うけど、ボクが食べたいのではなくって、ママが食べさせたいんだよ」

先生は、離乳食の本当のあり方をママに話していました。

「離乳」というのは、お乳を飲みながらいろいろなものを与えて慣らし、量をふやしたりして、徐々に幼児食にもっていく過程というか段階をいうんで、お乳をやめて食べさせるということではないんですねぇ。

だから、離乳の時期というのは、あくまでもお乳を飲みながら食べていく、ということが原則。

このことを忘れちゃいけなかったんです。

それからはママは、ボクがミルクを飲まないときは、離乳食もストップ。ボクは最初、はらがたちましたねぇ。でも、ミルクを飲んだので体重もふえてきましたよ。

それからママにもうひとこと。離乳食をよく食べるからといって、オセンベイや親の食べてるものをつい与えてしまうのはいけませんって。よけいな味をおぼえると、ミルクどころか離乳食も食べなくなりますから、くれぐれも注意しないと、ネ。

はいはいする しないということ

今日はワタシのいとこの太郎くんの話をします。

太郎くんは、いま7ヵ月です。

ちょっぴり太っちょです。

おすわりしたまま動きません。

まるで、おすもうさんがアグラをかいているみたいです。

それに、寝返りもしないし、はいはいもしないし…。

心配になった太郎くんのママは、先輩ママであるワタシのママに相談しにきました。

ママは、ワタシもはいはいしたのが遅かったので、その経験と、先生のうけうりの子育て論を、ここぞとばかりに得意げに話していましたヨ。


ふつう、早ければ寝返りをするのは4～5ヵ月ころ、はいはいは6～7ヵ月ころからボツボツはじめるみたい。

でも、いつか先生が言ってたように、近ごろは、はいはいをしないでつかまって立っちゃう子、はいはいのかわりにすわったままで動く子…がふえてきたというか、そういう傾向があるようですね。

だいたい寝返りというのは、上を向いて寝ている赤ちゃんが手足をバタバタ動かしてるうちにからだが横にねじられて、偶然にできちゃったということが最初らしいし…。

まあ、いってみれば、寝返りもはいはいもひとつの技術にすぎないんです。

だからネ、下手、上手、早い、遅い、など個人差があっても不思議はないんですって。

それにね、服をたくさん着せられていれば動きだってにぶくなるでしょうし、部屋の中にテーブルやソファなどいろいろな家具がおかれていれば、自由にはいまわれる空間なんてないじゃありませんか!

はいはいする、という考え方にも問題はあるようですねぇ。

はいはい、というのは、「あそこにおもしろそうなものがあるから、いっちょ行ってみるか」という目標をもって生まれる運動。

目標を達すれば、はいはいをする必要もないわけです。

ですから、親というか、おとなが思っている「はいはいスタイル」をワタシたち赤ちゃんが、必ずしもするとはかぎらないのよね。

寝返りをしてそのままゴロゴロころがる子、すわったままで動く子、片脚を曲げ一方の脚を伸ばして腕を曲げて動く子…、ようは、すすめばいいわけですから。

あんまりスタイルには気をつかわないでほしいな。

ところで、先生、ちょっとしたたとえ話を考えたんだけど、どうでしょう。

町でみかける小型の車は横転することもあるでしょうけど、ダンプカーみたいにどっしりしている車は、めったなことじゃあひっくりかえりませんよね。それと同じというか、ワタシも太郎くんもちょっぴり太っちょで重いので、寝返りもはいはいも時間がかかるのはあたりまえ、というわけ。どう？　なかなかのたとえでしょ？

だけど、「はう」ということは赤ちゃん時代だけのことですからね。いっくらはいはいしないで立つ子もいるから心配ないっていったって、親にとってはちょっぴりさびしいのかしら…ね。

人見知りへの複雑な心境

　ママったら、ワタシのこの揺れ動く微妙な気持ちをわかってくれないの。買い物に行ったとき、よそのおばさんが、ワタシのことをかわいいって言って、手を出したんです。抱いてくれようとしたんでしょうね。

ワタシは一瞬おどろきましたが「抱っこされてみようかな」って思ってたんです。

ところがそのとき、ママはすかさず

「うちの子は人見知りが強いから、泣くと困りますから」だって！

ママは、頭からワタシは人見知りをすると決めてるみたい。

たしかに、ワタシ、４ヵ月をすぎたころだったかなぁ、苦い経験があるんです。

それはパパとママ以外のはじめて会う人にいきなり抱っこされたときのこと。

ワタシは火がついたようにワーワー泣きました。

だって、ママはメガネをかけていないのに、その人はトンボメガネをかけていたんだもの、こわくなっちゃったんです。

　ふだんからおおぜいの人を見ていれば、ワタシだってメガネくらいじゃおどろきませんよ。

でも、ワタシの家はパパとママとで核家族でしょ？　ふだん、人との接触がぜんぜんなかったんですもの、当然警戒しますよねぇ。犬の子だって、見知らぬ人にはほえて警戒しますよ。ワタシたち人間の赤ちゃんだって同じこと。いろいろな人が世の中にはいるんだと知って慣れることが大切だと思いますよ。

だから、1～2度くらい人見知りをしたからといって「うちの子は人見知りですから」なんて言わないで、ときには抱っこしてもらいたいんだけどなあ。もしも泣いたら泣いたでいいじゃない。ワタシが泣いて相手が困ったら「いつもなら泣かないんですけど、今日はちょっと眠いものですから」とかなんとか言えばいいのよね。ウソも方便でしょ。ママったらいつもウソを言うのが上手なのに、かんじんなときに頭がまわらないんだから。

いろいろな人に会うようになれば、人見知りなんて自然にしなくなるみたい。先生もいつか「赤ちゃんに人見知りが出るようになったのは、知恵がついた証拠だ」って言ってましたよね。人と会う機会をなくしたら、かえって人見知りがひどくなってしまいますよーだ。

親不孝の日暮れ泣き　ボクの気持ちは…

　ボクは寝起きは悪いほうではありません。

それでね、夕方、昼寝からさめて、指をしゃぶっていました。

だけど、なんとなく悲しくなって…、ママがきてくれるまで泣いてました。

ママはすぐにとんできて、

「起きていたの。ママ、知らなかった」と言ってオムツをとりかえてくれました。

たけど、オムツはぬれていません。

「ミルクを飲んでから、それほど時間がたっていないから、飲むには早いし…」

ママはひとりごとを言って、ボクがちょっと泣きやんだのをいいことに、ボクからはなれて夕飯の支度をしてるんですよ。

パパが帰ったらすぐに食べられるようにするからでしょうね。

　ボクは今度ははらがたって、ぎゃあぎゃあ泣きました。

ママは仕方なしにやってきて、「夕方の忙しいときなのに…」とブツブツ言いながらも抱いてくれました。願望達成。

　ママがイライラしているところに、パパが帰ってきました。

ママは「ボクが泣いたので、夕飯の支度がおくれているのよ」とパパに弁解。

「まったくボクったら、きまって夕方に泣くんだから」

ママがせつない声でパパに告げたので、ボクのからだのどこかが悪いんじゃあないかということになり、病院に診察に連れて行かれました。

「これは親不孝の日暮れ泣きといってね。夕方になるときまって泣くんだなあ」

先生は笑いながら、サラリと言いましたね。

日暮れ泣きなんて、本当にあるんですねえ。

ボクははじめて知りました。

　医学的には難しい病名がついていて、〝3ヵ月疝痛〟っていうんですって。

きっとおへそのまわりが痛むからということなんでしょうね。

生まれて3〜4ヵ月前後の赤ちゃんによく見られ、昔もいまも、不思議と夕方から夜にかけて泣くので、日暮れ泣きというもっともらしい名前がついちゃったんでしょう。

　ママはわかったような、わかっていないような顔をして、

「何が原因なんですか?　泣くんだから何か原因があるんでしょ。あやしてあげないとか、抱いてあげないとか、精神的なことが原因なんですか?」

　ママの考えは、はずれてはいないようでしたが、ほかにもいろいろ原因はあるんですって。

　ボクも考えましたよ。

ボクはまだ小さいからって、1日中、寝かせられていることが多いんです。だから、夕方になるとなんだか背中が痛くなっちゃう。なんとなくつまらなくって、悲しくなっちゃうということも原因かな。たしかにこの時間になるといつもイライラしてくるんですよ。起こしてほしい、抱いてほしいって泣いて訴えているんですよ、きっと。だけど、本当はどんな原因で泣いているのか、自分でもはっきりしないなあ。

でも先生は、さすがに核心をつくことを言っていましたね。

「ボクはいちばんの原因は、外へ出たいという欲求のためだと思っているんだ。日暮れ泣きする時間に買い物に連れて行ってごらん。外に出るとピタリとだまるんだなあ。ママだっておでかけするのは大好きだろう。赤ちゃんもやっぱりおでかけが好きだってことさ。赤ちゃんだって、外の刺激がほしいんだ。あたりまえと考えようよ」だって。

そうか、そうだよね。

それはそうと、ボクにだってわからないボク自身の本当の気持ち、どうして先生には通じちゃうんだろう。不思議だなあ…。

薬を飲む？　飲まない？ パパの工夫

ワタシは、薬を飲まなかった子なんです。

いいえ、飲めなかったと言ったほうがいいのかな。

どっちにしろ、いまは飲めるようになったのですが、それはパパのごまかしの一手に負けてしまったからなんです。


生まれてはじめて薬を飲んだのは、ワタシが2ヵ月のころ。

粉薬を母乳でちょっと溶いて、口の中にぬりつけられたの。

そのときは、母乳を飲みながら無事に飲むことができたのよ。


だけどね、5ヵ月になったころのことだったかな。

粉薬はそのまま飲ませると気管のほうに入ってしまうことがあるから、と今度は水に溶かして飲まされたの。

でもなんとなく味がヘンなので、うまく飲めなかったんです。

あげくのはてに、ムリに飲ませられたもんだから、吐いちゃったんです。


こうなったらもう、ミルクに入れてもダメ。

シロップ剤なら、甘いから飲むだろうと、ママは先生に言って粉薬からシロップ剤にかえてもらったのですが、やはりミルクや離乳食なんかとは味がちがうし、独特の臭いも気になって、どうしても飲むのがいやになっちゃったんです。

　薬を飲まなければ病気はなおらないと、ママも必死ですよ。

ムリにシロップ剤を口に入れたので、ワタシは吹き出してしまいました。

ミルクに入れたらわからないだろうって、ママは言っていましたが、ダメですよ。

ワタシはちゃんと知ってるんだから……。

だったらミルクを飲みませんからね、とこっちもそうとうイジになっていました。

　それに、こんなことされると、今度は薬が入っていないときでも、入っているんじゃないかと警戒しちゃいますからね。

「どうしたらいいの。もう！」

ママはイライラして、ついにパパに助けを求めたんです。

　パパはワタシがまだ小さいからごまかせるだろうと、いろいろな手をつかってきましたネェ。

そう思われたのはちょっぴりくやしいけど、パパったら案外ワタシのことをよく見ているのね。

　パパは薬を砂糖に混ぜました。

いつもはなかなか飲ませてくれないけどワタシが大好きな、乳酸菌飲料にも入れました。

ヨーグルトにもシロップ剤をかけました。

トーストにもしみこませました。

ざっとこんなふうで…。

ワタシの好きなものにかけたり、入れたり、薄めたりするので、ワタシもはじめはヘンだなぁ、と気づいたのですが、いつのまにか知らずに飲んでしまったらしいんです。

えらいのは、パパはちゃんとまえもって先生に聞いていたんですね。

子どもに飲ませる薬は、特別なもの以外は、何に混ぜても効果がなくなることはないってことを。

「よくお母さんたちは、うちの子は薬を飲まなくて困ってると言ってくる。もちろん薬を出すほうも子どもにあわせることが必要だが、親のほうも飲ませる工夫が足りないことが多いんだよ」と、先生。

「薬の好きな子どもなんてめったにいないよ。まあ、薬に関しては親と子の知恵くらべということも少なくないよ。いずれにしろ、いくら薬を飲まない子どもでも、幼稚園に行くぐらいになればちゃんと自分で飲むようになるから、それまでの辛抱さ」だって。

パパはそうしてワタシをまんまとだましたってわけ。

だまされたのはくやしいけど、ワタシを思ってのことだものね、ゆるしてあげるわ！

ボクのウンチは個性的！

ボクは親不孝なんでしょうかねえ。

いろいろなウンチをするんです。

かたかったり、やわらかかったり、色も黄色とか緑色とか、まちまちなんですね。

ママは、それをとても気にしているらしいんです。

育児書なんかにはよく、健康なときのウンチとか、病気のときのウンチなどというものが写真入りでのっているんですって。

いつもボクのウンチが「いいウンチ」だったら安心するのでしょうが、そうはいかないのが心配のタネ。

となりのおばあちゃんなんて、お母さんがほうれん草を食べると、そのおっぱいを飲んだ赤ちゃんのウンチは緑色になる、なんて言っているんですよ。

それだったら、緑の野菜を食べた人はみんな緑色のウンチを出すってことになっちゃいますよねぇ。

いいかげんもいいとこ！

そんなことを言われてから、ますますママは頭が混乱しているみたい。

その点、パパはもっと楽天的なんですねぇ。

「体重はふえているし、機嫌もいいし、よく飲んで食べているからきっと心配ないよ。ウンチが教科書どおり（？）でないのは、個性的ということだし、いまのカラフルな時代にぴったりあっていいじゃないか」だって！

パパはユニークな発想の持ち主なんだなあ。

だけど、ママはどうしても悪いといわれているウンチのイメージが頭にこびりついて、なかなかとれないんですって。

母乳が悪いのではないか、たしているミルクがあわないのではないか、離乳食が早すぎたのではないか、それともおなかの病気ではないかしら…、気になることでいっぱいみたい。

そこでいつものパターン。

先生の出番です。

「ふつう赤ちゃんのからだの具合を知るための症状は、目に見えないものが多いよね。その点ウンチは見ることができるから、昔から健康のバロメーターといわれているんだよ。だけどね、このウンチの見方が問題なんだな。あやまった見方をすれば大変。正常なものでも異常あつかいになっちゃうからなあ」だって。

いいウンチはああですよ、悪いウンチはこうですよと、はっきりわかればいいんですが、実際にはむずかしいらしいんです。

そもそも便というのは、年（月）齢によって、また食事の種類や量によって、かたさも色も内容もちがってくるし、個人差はもちろん、日によってもちがってくるのがふつうなんですって。

たとえば、おっぱいを飲んでいる時期のウンチは、出たばかりのころ黄色だけど、時間がたって酸化されれば緑になります。その酸化が腸の中でおこれば、最初から緑の便として出てくる、だから単純に何色がおかしいなどとは判断できないらしいんです。

もちろん、ウンチに粘液や血液、不消化なものが混じっているときなどは、ある程度は判断できますよ。

しかし、これもそうかんたんにはいかない。

あくまでも慎重に、慎重にですよ。

先生は最後にうまいことを言っていましたね。

「便を見るのではなく、赤ちゃんを見るんだ」って。

目に見えるウンチだけにたよらず、食欲や元気があるかどうか、機嫌はどうなのか、体重のふえ方はどうなのか、ほかの要素も参考にすることが大切ですって。

それでもウンチが気になるときには、シロウト判断で心配しないで、スマホなどで写真を撮って先生に見せるのがいいみたい。

ボクは、ちょっぴりはずかしいけどね。

ヘアスタイルはナチュラルがいいな

ボクのうちは、おばあちゃんはいいんだけど、ひいおばあちゃんがうるさいし、言い出したらきかないんだなあ。めんどうくさいから、ついみんな知らん顔をしちゃうんです。このあいだの事件もそうでした。

ボクの髪の毛が薄いからって「いまからハゲたらかわいそうだから髪の毛をそるといいよ。きっとしばらくしたらフサフサしてくるからやってごらん」と言うんです。昔の子はみんなそうしてたんだって。

そうしたらね、ママもパパもいままで口にはしていませんでしたが、内心ボクの髪を気にしていたんでしょう。そればかわいくなるし、髪の毛だって濃いのがはえてくるんだから一石二鳥だって、その気になっちゃったんです。

昔は昔、いまはいまですよ。ボクは自分の美的感覚からいっても、坊主頭だけはどうしてもいやだったんです。

だけど、よかった！

トコヤさんに行くよりまえにカゼをひいたおかげで、間一髪セーフ。

先生に「とんでもない」と言われたので、坊主にされなくてすみました。

先生、ありがとう。

たしかに毛をそれば、毛根を刺激して濃い毛がはえてくることもあるでしょうが、それは何回も何回も、何年も何年もくりかえしてそったときの話でしょう。ボクのように赤ちゃんのころに1回や2回そったからといって、おとなになってもずっと濃い毛がはえてるなんて、そんなのはただの迷信ですよねぇ。

第一ボクたちの皮膚はやわらかいし、抵抗力も弱いんですよ。だからちょっとしたことでバイ菌が入りやすいので、気をつけないとね。実際に、髪の毛をバリカンで刈ったり、そったりしてできた傷からバイ菌が入って、リンパ節が腫れちゃった赤ちゃんもいるんですって。

それからだねぇ。先生はちょっと眉間にシワを寄せてこんなことも言ってたよ。最近では、「かわいいから」といって、ボクくらいの小さな赤ちゃんにヘアピンをつけたりする親がいるけど、これも危ないって。ママが気づかないうちに赤ちゃんがヘアピンをとってしまい、飲みこんでしまった例もあるんだって。

たしかに、まちがって目にでもささったりしたら、おそろしいですよねぇ。

あとね、たまにヘアカラーで染められたり、パーマをかけている赤ちゃんを見るけど、これも少しやりすぎじゃないかだって。

パーマ液やヘアカラー剤は刺激が強いので、皮膚が弱い赤ちゃんには安易に使うべきではないっていうのが、先生の意見なんだ。

いくら個性の時代だからって、口のきけない赤ちゃんを人形のようにあつかうのは、考えものだって！

まぁ、先生は古いタイプだから、よけいにそういう傾向が気になるんでしょうね。

だけど、ボクもこの考えには大賛成なんだ。

いま髪が薄くたって、そのうちちゃんとはえてくるし、大きくなっておしゃれしたいと思うようになれば、自分でパーマをかけたりするようになるんだからね。

それまではあまり手を加えず、ナチュラルヘアでいるのが快適なんだ。

先生いわく、もしもボクらの髪の手入れをするとすれば、ハサミを使って切る「自家製トラ狩り」が、傷をつけずいちばん安全、おすすめスタイルだって！

でもそれも格好悪いいやあ!!

添い寝したいなあ

夜中にワタシ、目をさましたんです。
しばらくしたらさびしくなっちゃって泣き出しちゃいました。
ママはぐっすり眠っているのか、それとも知ってて知らんぷりをしているのか、
ちっともこっちにきてくれません。
ワタシはヨチヨチ、フトンからはい出て、ママのフトンのほうへ行きました。
目をさましたママはワタシを抱いてフトンにもどし、オムツをたしかめてから、
「いい子だからねんねしてね」と軽くたたいてくれました。
だけど、ワタシはママのフトンに入って、そばで一緒に眠りたかったんです。
だけどママにはワタシの気持ちが伝わらないみたい。
ワタシはまた泣きました。
あんまりうるさいので、パパが「一緒に寝てあげろよ」と言ってくれました。
ママは仕方なしに
「いまはいいけど、この次からはだめよ」ってフトンに入れてくれました。
ワタシはやっと安心して、ウトウト夢ごこち…。

だけど、ママは添い寝のクセはいけないと、クドクドと話していましたねぇ。パパはというと、そんなママの話を聞きながらも、自分も添い寝で育ったから大丈夫だって、眠ってしまいましたよ。

ママはパパのそんな態度にカチンときたのか、次の日先生のところへ言いつけに行ったというわけです。

先生はにが笑いしながらこたえてくれましたね。

添い寝をするとよくないといわれている理由は、窒息の危険があること。赤ちゃんの体温をうばったり、ママも赤ちゃんも安眠できない場合があるということ。心理面では、自立心が育たないとか、依頼心が強くなり、わがままな子になるなどのマイナス面がいわれているんですって。

だけど、現実にはけっこう添い寝はしていますよねぇ。

マイナス面ばかりを強調して、プラスのことを忘れているって先生も言っていましたよ。

添い寝のいちばんのプラス面は、母子がそばにいる「安心感」ですよね。赤ちゃんの様子は手にとるようにわかる、フトンをはがせばすぐにかけてあげられる、オムツをかえたり、授乳のときもラクチン、といいこともいっぱい！

ただ先生は、添い寝の賛成者なんだけど、条件つきなんですって。

首がすわる4ヵ月すぎまではやめたほうがいいって。

それと、敷きブトンは一緒でもいいけど、掛けブトンは別々にするほうがいいとも言っていましたよ。

そうすることで、マイナス面とされている窒息の問題や、カゼをひかせるのでは、という心配もなくなるってわけ。

いまは、働くお母さんもふえているから、スキンシップの面で、添い寝はいまいちど見なおされるべきではないかしら…、というのが添い寝大好きのワタシの意見です。

生意気なことを言ってごめんなさい。

パパもたまに添い寝をしてくれるんだけど、パパの場合はジョリジョリのヒゲとイビキがちょっぴりいごこち悪いのがタマにキズ。

最後に先生は
「畳なら落っこちないんだが、ベッドの上ではねえ。落ちることだけは気をつけないとね」だって。

「歯」はのんびりいこうよ

「うーん」パパは育児書をじいっと読んでいます。

「わかった？」とママ。

「わからない？」

ママは誇らしげにパパの顔をのぞきこみました。

パパがママにいじめられていたんですねぇ。

実はワタシの歯のことで、今日、先生から教わったばかりのことを、ママはパパに質問したんです。

生まれて9ヵ月たつのに、ワタシの歯は1本もはえてきません。まわりのともだちは4ヵ月ではえていたり、8ヵ月では3本もはえている子もいるんです。

育児書などには、「歯のはえはじめは7ヵ月前後、下から2本はえる」云々と書いてあるし、白くはっきりと2本の歯がはえた写真ものっているんです。

それがワタシときたら、はえるどころか、歯のかけらも見えないの。

心配になってママがいろんな人に聞くと、カルシウムが足りないからじゃないかとか、栄養が悪いんじゃないかとか、よけい心配のタネがふえちゃったってわけ。

先生はいきなりママに言いましたねぇ。

「歯がはえないといってさわいでいるなら、じゃあ歯は何のためにあるか、知っているかい?」

「ものをそしゃくして食べるためでしょう」とママ。

「そのほかには?」と先生。

バカにしないでよとばかりに答えていたママは、「そのほかに?」と聞かれて、一瞬緊張したようでしたが、あとがわからないのかことばが出ません。

先生は
「ママだけじゃないよ。ほとんどのお母さんは知らないんだなあ。そのくせ、歯がはえない、どうしてだろうとか、カルシウムが足りないなんてさわぐんだから困ったもんだ」とひとりごと。

歯のはたらきというか役目は、そしゃくする、言葉を発する(しゃべる)、顔の形をつくる、ものを切る、かみつくための攻撃的武器(!?)ざーっと数えても5つはあるんですって。

でもこれは子どもやおとなの世界でのことで、赤ちゃん時代にはあまり関係がないこと。

赤ちゃんは口の中に入った食べものを、歯ぐきでつぶして、唾液でこねて流しこんでいるんですって。

離乳食が「歯ぐきでつぶれる程度のかたさ」といわれるのはそのためで、歯がはえているからといって、そこでかんで、くだいているわけではないんですねぇ。

それに1歳になるまえはまだ、ことばもしゃべらないし、糸を切ることも必要ないでしょ。

考えたら、ママだってもしもいまのワタシが歯が全部はえてて、乳首にでもかみついたらたまったもんじゃあないものね。

ワタシは、なるほどと、感心しましたねぇ。

それから、歯がはえるというのは、大いに個人差があるんですって。

7ヵ月ごろにはえることが多いというだけのことで、その時期にはえなければいけないとか、はえないからどこか悪いなんて、育児書だっていってはいないんですねえ。

1歳ごろまでに1本はえれば、それで十分。

むしろ、虫歯のことを考えたら、ワタシのようにゆっくりのんびりはえたほうがいいのと違いますか。

歯は、歯ぐきの中にあるうちは、虫歯にはなりませんからねえ。

親孝行だと言ってもらいたいわ。

おしゃべりママになってね

ボクは1歳をすぎました。
はっきりしませんが、ことばは出るようになりました。
〝マンマ　ブー　バア　ダッダ〟くらいのことばは出るようになりました。
だけどおばあちゃんに言わせると、ボクのパパがボクくらいのときにはもっと
たくさんのことばをしゃべったというのです。
もしかしたら、耳の聞こえが悪いから、ことばが遅いのかもしれないなどと…
そんなこと言われれば、ママだってやっぱり心配になっちゃいますよねぇ。
それで、いつものように先生に相談に行ったというわけ。

さてさてママとおばあちゃんが心配した結果は…？
もちろん耳の聞こえもことばの遅れも問題なし！
それから先生はいろいろとお話をしてくれましたね。
ふつう、1歳ごろでボクのように、〝マンマ　ブー　バア　ダッダ〟くらいの
幼児語（赤ちゃんことば）を3～4個しゃべれば、十分合格点だって。

そのあと1歳半ごろで〝ネンネ　バイバイ〟など…、数としては10～15くらいになるらしいんですが、これも大いに個人差があるって。

　だから、1歳ごろではボクのように、手をふってバイバイできてもことばで言えないのはあたりまえですよねぇ。

先生も言っていましたよ。

「もし1歳すぎの子どもが、〝おはよう〟なんて言ったら、気味が悪い」って。

　でも、先生はボクとママの関係について、チクリと言ったんです。

ボクはおとなしい子で、ママもどちらかというともの静かなタイプに見えたらしいんですね。

たしかにそのとおり、ママはふだんから必要以外にはしゃべらなくって、感情を表に出さない人なんです。そのことはママ自身が認めていましたよ。

　ことばの出が遅い場合、意外な原因としてあるのが子育ての環境なんですって。

それは、母親の赤ちゃんにかけることば、語りかけのことらしいんです。

だいたい赤ちゃんがことばをおぼえるのは、日ごろの会話からですよね。

ひまができたらまとめておぼえさせるなんて、ダメですって。

　特別なことは何もしなくていいんです。

たとえば赤ちゃんが起きていて世話をするときには、必ず声をかけてあげるとか、オムツをかえるときも、事務的にさっさとかえないで、お話ししながら脚をこすってあげるとか、ひざを伸ばしたり曲げたり…。

赤ちゃん体操にもなるし、スキンシップにもなって一石三鳥。

「ボクちゃんはパパに似てないから、かわいいね」とパパの悪口をこっそり言ったり、「鼻ペチャはママそっくりね」なんてね、ようは何でもいいんです。ことばの意味なんてわかるはずがないんですから。

だけど赤ちゃんは、ママの口もとをじっと見ているんですって。口が動いている、やさしい顔で自分に声をかけているということがわかるんです。ここが大切なことで、そのつみ重ねが、しゃべる基本になってくるんです。

犬がいたら「ワンワン」と実物を見せながら、ゆっくりと何回も声をかけてくれればいいいんだよ。

これがボクらがことばをおぼえるコツなんですねぇ。

親が無口すぎても、ブツブツ、ガアガア、早口すぎてもダメですって。

ゆっくりと口を大きくあけてしゃべってもらうとボクたち、よくわかるんですよ。何ごとにもひと声かける、ひと声運動。

そうそう、先生はうまいことを言っていました。

「ママの適度な喜怒哀楽の顔も、子どもの情緒の発達にいいんですよ」だって。でもヒステリックな顔は、やめてよね。

お誕生日まえに歩けたからって自慢じゃないよ

先生、いいことを言ってくれましたね。

「犬やサルは、一時的には2本足で立ったりするけれど、いくつになっても4本の足で歩くだろう？　人間サマもはじめは手と足を使ってはいはいするけど、でもいつかは2本足で立ったり、歩いたりする。何か病気があれば別だがね。もし2歳くらいになっても歩かない子がいたら連れていらっしゃい」

ママはこう言われて、ホッと安心したようです。

それからは先生のいうとおりにワタシに接してくれるので、ワタシもうれしくなりました。

実は親戚のおばさんから、お誕生祝いに靴が届いたんです。もうワタシが歩いていると思ってたみたい。電話で、サイズはちょうどよかったか、と聞いてきたのです。ママは、まだ全然歩かない、と答えました。

ワタシよりも遅く生まれたハナちゃんも、同じ月齢のケンちゃんもお誕生まえから歩いたんですって。

ワタシはリコウそうだから、とっくに歩いているのかと思ったとおばさんは言ったんです。

おばさんに罪はないけれど、お誕生まえに歩いたらリコウでお誕生すぎても歩かないのはそうでないなんて、まちがいもいいとこですよ。

でも、ママとパパはあわてましたねえ。

ワタシのそのときの悪い予感は的中！

その日から、オイッチニィ、オイッチニィ…、

ワタシの手を持って歩かせる特訓ですよ！

こわいんですが、ママが手を持ってくれているので、安心して歩いてたんです。

そうしたら、ママは突然手をはなすのよ！

とたんにワタシはころんじゃいました。ごまかされたんです。

それからは、自分でつたい歩きするならいいけど、手をひっぱられて歩くのはごめんです。ころんじゃったらたまりませんからねぇ。

ところで先生は、日本の子どもがひとりで歩けるようになる平均年齢は、1歳3～4ヵ月ころだと言っていましたね。

股関節の脱臼や脚に病気でもあればおくれるでしょうが、なんともないのなら、歩くのが早い遅いというのは個人差なんですねぇ。

ワタシみたいに太っておっとりとした、どちらかといえば臆病な子は遅いし、逆に早く歩きはじめる子もいるでしょう。

だからワタシは、ムリに歩かせようとするよりも、ワタシ自身がおっかなびっくり立って歩くのにそっと手を貸してくれるくらいがいいのになぁ。

歩きはじめたって、最初はおとなの感覚からみればギコチないし、歩き方もヨチヨチでしょ。倒れやすいし、方向だって一定しませんよ。

きのうも立って、1、2歩、歩いて倒れたけど、泣かなかったでしょ?

あせっちゃダメよ!

ママとパパ。

いまの世の中 マイペースがいちばんさ

お誕生日を迎え、ボクは健診を受けました。

体重は８７００グラム、身長は75センチ…。

生まれたときの体重が３０５０グラムでしたから、3倍になっていないと言ってママはちょっぴり不服そうでしたが、先生は言いましたね。

「病気もなく、こんなに元気な子なら心配なし。教科書（?）どおりに標準でなくてもリッパなもんだよ」って。

「ウドの大木より山椒は小粒でピリリと…」じゃあないけれど、ボクはよく動くし、いまやひとり歩きもできるし…、まさにこのタイプ。

先生は、ママの育児態度に70点か80点はあげられるって。

それはあまりイライラしなかったからだって。

いつもは辛口の先生だけど、ボクのママにはちょっと甘くないですか?

それから、先生はママに近ごろの子育てというか、親の姿勢についていろいろな話をしてくれましたね。

子育ての知識というのは、昔はおばあちゃんなり、子どもを育てたことのある

人から、手とり足とりでおしえてもらったものなんですって。

経験的育児っていうやつですね。

でもだんだん世の中が変わって、この形式も薄れてきたわけです。

いまや情報化時代にふさわしい(?) いわゆる情報的育児が主流。

まるで育児情報が育児のノウハウの舵とりになっているみたい。

だから、そこが問題なんですねぇ。


経験的育児の全部が全部いいとはいえませんが、少なくとも経験の上に立ってのことですから、それほどのまちがいもないでしょう。

なにしろ昔の人は子どもをたくさん育てているから、経験も豊富だしね。

しかし、いまのような、一方的な受け身の情報から得た知識の場合はちょっと気をつけないと…。


情報というのは、とかく流行に流されて、一時はさわがれるけれどすぐすたれてしまうことも多いし、育児用品のメーカーの宣伝がからんでいないともかぎらない…、けっして全部がそうではないけれど、なかなかむずかしいですよ。

たくさんある情報の中からえらんだものが、その人や子どもにあっていて、よいものならばいいけれど、よくない情報にふりまわされたら大変。あうあわないも人それぞれだし、情報をえらぶときには慎重にならないとね。


どうも人間は何かと比較したくなるものですが、いけませんねぇ。

子育てだって同じです。

いまの世の中、ようはマイペースを心がけることがいちばんってことかな?

あそび食べはあたりまえだよ

おばあちゃんのうちに行ってから、ママはボクに風あたりが強いんだ。

どうしてこんなことになったか、ボクにはわかっているんです。

それは、お誕生日をすぎたボクたちの本当の姿を知らない、おばあちゃんやパパの妹たちのせいなんです。


みんなでごはんを食べているときでした。

ボクがあそびながら食べたり、ちらかしたりしたもんだから、おばあちゃんが何人もいる孫の中でボクがいちばんお行儀が悪くて最低だって言うんですよ。

そう言われても、パパは反論しません。親子だからでしょうねぇ。

これじゃ、ママがかわいそうですよ。

だからボクにあたるんです。


きちんとすわってお行儀よく食べればいいんでしょうが、1歳すぎのボクたちはそうはいきませんよ。

テーブルの上には、いろいろなものがのっているでしょう?

見たらうれしくなって、ついいじりたくなりますよ。

コップの水を飲んだら、ほかのものにうつしたくなって、こぼしちゃうんです。

その水を手で広げるのもまたおもしろいんだなあ。

それからね、スプーンでお茶わんをたたくとスバラシイ音が出るってこともそのとき発見したんです。

ママとパパが一緒にたたいたら、ステキな親子交響楽団！　なーんてね。

目の前にこんなに楽しくあそべるものがたくさんあるのに、食事のしつけをムリにしたって、それは一時的、すぐあそんじゃいます。ボクが保証しますよ。

もちろん、また食べたくなればテーブルにもどってきますよ。

これが「運動会方式」のあそび食いってわけですが、仕方ないでしょ！

それから、おとなはしつけをとても気にしてるけど、いまのボクにスプーンで食べろといったってムリがあると思いませんか？

5本の指は自由自在だもの、はしのかわりにもスプーンのかわりにもなるんだよ。

おとなだって指でおすしをつまんだほうが、はしで食べるよりもおいしくいただけませんか？

しつけなんか気にしないことです。

いつかきっとお行儀よくできますから。

幼稚園に行ってお弁当を手づかみで食べる子はあんまりいないでしょ。

スプーンの持ち方、はしの使い方などは、ゆっくりと教えてください。

おとなの本音は、栄養のことより、グズグズしてかたづかないことがイヤなのでしょうから、せいぜい10分くらいで全部かたづけちゃってくださいよ。

それで次のごはんの時間まで何にも食べさせてくれなければ、ボクはおなかがすいちゃうでしょう。

次のごはんもグズグズしていてかたづけられたら、たまったもんじゃありませんからねぇ、きっと夢中で食べると思いますよ。

食べないとからだがもちませんから…。

どうも手のうちをつぶやいちゃったなぁ、失敗かな?

それともうひとつ言いたいことは、ボクたちの本当のことを知らない人はよけいなことを言わないでほしいんだってこと。

ボクのママを困らせる人は、ボクは嫌いなんだから!!

夏だから オムツをとるの？

ワタシのおばさんは本当におせっかいなんです。

ワタシのお誕生のお祝いにうちにきてくれたんですが、プレゼントを持ってきてくれるだけならうれしくて大歓迎だけど、そのあとでよけいなことばかり言うんです。


だからおばさんが帰ってから、ママはワタシをしごきはじめたんですねぇ。

ワタシにとってはまったく迷惑なことなんです。

口がきけて歩けたら、うちから逃げ出すんだけど…。

それもできないので、毎日ママのなすがままになっています。

先生、なんとか助けてくださいよ。


それというのも、おばさんが「あなたも1歳すぎたんだから、この夏はオムツをとらないとね。早くとらないとなかなかとれなくなるし、いつまでもオムツをつけていると笑われちゃうわよ」とよけいなことを言ったんです。

夏は短いから、ぐずぐずしてはいられないって。

それからですよ。ママは、時間をみはからってワタシをオマルに連れて行っては、「シーシー」「ウーン」とかけ声をかけるんです。

そんなことしたって、そうかんたんには出ませんよ。

「どうしてできなくなっちゃったの？　ちょっとまえまでは、オマルでウンチできたじゃない。ときどき失敗したけど、ちゃんとしてたじゃない。それなのに、オシッコもしないし、ウンチだってもとにもどっちゃって」

そんなことを怒ったように言われたこともあるんです。

でも、それはワタシが目がさめたときとか、おっぱいや離乳食を食べたあとなどにオマルにすわらせたりしたもんだから、たまたま偶然に出ていただけなんですよ。

ママが考えてるような、トイレのしつけができたなんて大それたことではなかったのになあー。

だいたいトイレのしつけは、ひとりで歩ける、ある程度ことばを理解できる、オシッコの間隔があくなど、赤ちゃんのからだの準備が整って、はじめてスタートできると言われていますよねぇ。

それには個人差があるし、こっちにも心の準備があるんだから。

それなのに、ママは、よその子がオムツがとれたなんて話を聞くと、今年の夏はオムツをとるか、とらないかの勝負の年のように考えちゃうんですよねぇ。

よその子はよその子ですよ。

夏はオムツをとりやすい季節だっていわれてはいるけれど、べつにこだわること

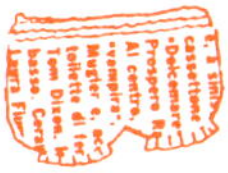

はなし。
それに、来年になってとったっていいじゃない。

それでも無理なら、さ来年でもいいくらいだって思うんだけどな。あんまり早くからはじめると、何度も逆もどりをして、かえってママをイライラさせちゃうと思うんだけど…。

今年は、せいぜいオムツがぬれたらかえて、おしりをサッパリしておいてくださいな。

「オムツを早くとるか、ゆっくりとるかは、親の考えひとつ。ムリやり早くとったからいい子になるなんて保証はないよ。子どものためなんて、うまいことをいうが、親の都合だよ」
先生だったらきっとこんなふうに言いますよねえ。

いい？　ワタシがとってくれって言ったおぼえなんかないんだから。もしもママが先生のところに聞きに行ったら、ズバリ言ってやってくださいね。おねがいしますよ。

お昼寝したくない

このまえ先生がママに話したことは、迫力がありましたねぇ。

ママはギャフンでした。

でもボクのことを思ってのことですから、きっとどこの親も同じようなことを言っているのでしょうね。

ボクは昼寝をしない子なんです。

ある日、となりのおばさんがママに言いました。

「おたくのボクの声が昼間いつも聞こえるけど、お昼寝はしないの?」って。

おばさんの育てた子どもはよく昼寝をしたんですって。

昼寝をしないと睡眠が不足して、食欲やからだの成長にも影響するのよ、とかなんとか言われたわけです。

よく寝る子どもは育つんですかねぇ。

ママは、そう言われてみればたしかにボクは睡眠が足りない、そう決めこんで、いつものように先生のところに相談に行ったというわけです。

たしかに昼寝をする子どもは多いし、昼寝をしたほうがそのぶん親は仕事ができますし、ラクですよね。

だけど、昼寝をするかしないかは、ボク自身が決めることですよね。ムリに昼寝をさせることもないし、起きてあそんでいるんだったら、そのままにしておいていいんですよ。

ママは相手をしなければならないし、自分の仕事ができないこともあるからいやでしょうが、まあ、仕方がないですよ。

それよりも、昼寝のしすぎで、夜寝るのが遅くなったり、夜ふかしの子ができたり、夜中に起きたりして困ることだってよくあるんですよね。

それこそ親は大変でしょう？

よく寝る子でも、昼寝は適当に。まあ1～2時間くらい寝たら起こしたほうがいいですよ。

「お姉ちゃんだから」は禁句だからね！

ワタシはショックでした。

やっとかけっこもできるようになって、パパとママと一緒に外であそべるというのに…それがですよ、パパとママの話ではワタシがお姉ちゃんになるんですって。

だからこれからはワタシのことを甘やかさないようにしようなんて言ってるの。

ワタシはまだ赤ちゃんでいたいし甘えたいのに

「あなたはもうすぐお姉ちゃんになるんだから、しっかりしなくちゃあ。そんなことをしてはダメよ」って、なにかとワタシにきびしく言うんです。

もし、妹か弟か知らないけど生まれたら、もっとひどくなるんじゃないかなぁ。

いろいろとこれからのことを考えたら、ゆーうつになっちゃった。

なにもワタシが好んで、お姉ちゃんになるわけじゃあないんですからねぇ。

だからね、ワタシ、いろいろと考えちゃったんです。

それはね、ママたちがワタシをお姉ちゃんあつかいしてそまつにしたら、困らせてやる手です。

もしも、赤ちゃんがいるからってママがワタシに冷たくしたら、〝赤ちゃん返り〟の手で戦ってやるから。

まず、相手にしてくれなければ、指しゃぶり専門になります。人がきたって、だれかやめさせようとしたって、やめないからね。ちょっとしたことで泣いておどろかすし…。ワタシの泣き声で赤ちゃんが起きたって、知りませんよ。

夜だっておかまいなし、ごはんだって思いっきりあそびながら食べて、ママに食べさせてもらいますからね。せっかくおしえたと思っていたオシッコだって、逆もどりさせちゃいます。はらがたったら、赤ちゃんにちょっかい出してみようかなぁ。どうしたって、目的達成まではいやがらせをくりかえして、ワタシの存在を認めてくれるまでがんばりますから。

こんな奥の手があるなんて、パパもママも知らないでしょうから、いまにみていろ、です。

「お姉ちゃんだから」なんていうことばは、絶対に言ってほしくないの。ワタシはお姉ちゃんにさせられるんですからネ。「あなただけがかわいい」とかなんとか言って、いままでどおりに手をかけてみなさいよ。そうしたら、赤ちゃん思いのいいお姉ちゃんにきっとなれるんだけどな。

あ、いけないっ、パパとママに、ついワタシの秘密の気持ちを言っちゃった。どうもワタシは正直もので、素直で、人がいいのよね。

母親と子どもが寝静まったあとのシーンとした部屋の片隅、ウィスキーを片手にブツブツつぶやいているオトコがひとり。どうやら眠れないらしい。何をつぶやいているのか、さっそく耳を傾けてみよう。

●

今夜、つい妻とケンカをしてしまった。子どものことだ。はらがたったので寝床に入って眠ろうとしたが、チクショウ、ちっとも眠れやしない。「あなたったら、そういう人だったの、もういいわ。私1人で育てるから…」痛烈なパンチだよなぁ。

ボクだって、常日頃、子育てでママも大変だなぁと思っているんだよ。しかし、仕事が忙しくってどうにもならない。同僚のKくんのポストは時間的に余裕があるから、結構子育てしているようだ。それをどこ

からか聞いてきたママはさっそく「あなたは…」とくる。

Oくんの奥さんは、Oくんが何かしようとすると「子育ては私がするからムリしなくてもいいのよ」と言うんだって。うらやましい話だが、Oくんはボクに言うんだよなあ。「それはそれでなんとなくさびしいもんだよ」ってね。オトコだってそんな気持ちがあるんだなぁ。まあ、そこがむずかしいところなんだろうね、オトコがあんまり子育てにのめりこみすぎてもいけないらしいし、オンナだって産みの親としての誇りがあるからなあ。バランスが大事ってわけか…。

そうだ！　Aくんのようにするってのはどうだろう。以前は奥さんに向かって強い口調で意見していたらしいが、結局いままでは奥さんの尻に

敷かれてるじゃあないか。それでとてもうまくいってると言うんだから。うーん、そういえば以前アイツが言ってたな、有言実行なんていうのはダメ、へたに口にすると長続きしないものだって。そのうえで、できることはだまってさりげなくするのがコツだってさ。

今は、父親も母親と同じように子どもにかかわらなければいけない、などといわれているからなあ。そうするのがあたりまえ、そうしなければ悪いパパみたいに言われちゃう。だけど、パパだったらだれだって子どもを思う気持ちは一緒だし、ママが子育てで苦労してることはわかっているんだ！　それに、母親だっていろいろなタイプがあるからなあ。それぞれのうちの事情によってやり方もちがって当然、うちの奥さんと

パパだって考えてるんだぞ！ 忙しパパのつぶやき

も好きで一緒になったんだから運命共同体としてあきらめ、ボクらなりにどんなふうに子育てしていくべきか考えていこうと思ってるよ。よし、今夜はそのことを考えながらそろそろ眠ろうとしようか…。

●ボクの考えた子育てのコツ
①いつも母子を見守っていることを伝え、精神的な支えになる。
②自分のことは自分でする。そのうえで家の仕事はできるだけ分担する。
③休日は子育てを主としてすごす。

赤ちゃん先生からのアドバイス

予防接種の5つの心得

❶予防接種は子どものため、みんなのため

現在の日本で感染症が非常に少なくなったのは、医学、とりわけ予防医学の研究、発展によるものです。なかでも予防接種は改良が一段とすすみ、感染症にかからなくなったり、かかっても軽くすむようになりました。免疫をもつ人が多くなれば、病気の流行をふせぐことにもなります。特別な理由がないかぎり、できるだけ受けるようにしたいものです。

❷問い合わせは地域の役所などへ

時期（日時）、種類、方法など、予防接種にかかわる疑問はお住まいの地域の役所や保健センターなどに問い合わせましょう。母親自身の不安をとりのぞくためにも大切です。

❸体調が心配なときは医師に相談を

子どもに発熱、下痢、嘔吐、セキや不機嫌な様子がみられたときは、基本的には接種できないとされています。勝手に判断せず、医師に相談してください。

❹接種期間を忘れずに

予防接種を受けなかった理由として多いのが、接種の日時を忘れた、家庭の都合で、また感染症にかかってもよい薬があるから、副反応がこわいからなど。集団接種はもちろん、個人（別）接種でも接種期間というものがありますから注意しましょう。

❺接種後の副反応に注意を

接種後、発熱や下痢、嘔吐、不機嫌…などの症状が出たり、腫張（はれ）、発赤、痛みがあることがあります。その際はなるべく早く、必ず医師に連絡し指示にしたがいましょう。

ちょっとした病気や事故などの
トラブル…
ボクらは
またまた不安にさせちゃうね

3 困ったときには ボクを見て

そんなとき
ボクらのからだの中では
どんなことがおこっているのか
おしえてあげる
だからあんまり心配しないでね

出べそは心配いらないよ

・臍ヘルニア

「なるほど、リッパというかみごとだねぇ」

「先生、冗談は言わないでくださいよ。心配なんです。なおるでしょうね」

からかったつもりでも、度がすぎていたんでしょうね、ママはキッとなりました。ボクの出べそのことです。

先生は必ずなおるから心配いらないと言って、いろいろと話してくれましたね。

　出べそは、医学的には臍ヘルニアといって、赤ちゃん時代には程度の差はあっても、けっこう多いものだそうです。

　赤ちゃんは、おへその部分の筋肉の発達が不十分ですよね。そのため、いきんだり、泣いたりしておなかに力が加わったときに、腸が出てコブのようになることがあるんですって。

ちょうどおへそが出るから「出べそ」というんですねぇ。だけど静かにしているときは出ないし、ふくれませんよ。

　出べそは生まれて1～2ヵ月ころからめだちはじめ、3～4ヵ月ころには、いつも出ている状態に、特に泣いたりしたときなどは大きくめだつようになるんですって。しかし、7〜8ヵ月ころには立ったときにポコンと出るくらいのていどにおさまり、1歳半ころにはほとんど出なくなるらしいんです。

ですからそのままにしておけばいいんですって。

昔は、おへその上にバンソウコウをはって固定させたりする人もいたそうです。そんなことをしたら筋肉の発達をさまたげるだけでなく、バンソウコウでかぶれてしまって赤ちゃんがかわいそう。

それから先生はおもしろいことを言っていましたね。

出べそには、フーセン型と富士山型の2つの型があるんだって。

それに、大きいものは、小さな夕マゴくらいあって、押すとグジャって音がするのもあるんですって。

出べそは親にとっては気になるでしょうが、子ども自身のからだにはなんにも影響はないので、心配しなくていいんです。

オムツでこすったりしないように、いつもきれいにしておけばオーケー。

ひっこんでいるおへそは中がきたなくなって、ただれたりするでしょう?

その点、出べそはそんなことがないからかえっていいかもしれませんよ。

最後に先生は、ボクたち出べそくんの先輩の写真を見せてくれました。

それはそれは、みごとな出べそでした。

でも、月齢が増すにつれて、めだたなくなっていくんです。

百聞は一見にしかず、とはこのことなんですねぇ。

口の中にカビがはえちゃった

・鵞《が》口《こう》瘡《そう》

ボクが生まれて2ヵ月ころだったでしょうか。

ちょっとあわてたことがありました。

赤ちゃんのころは、だれだってお乳を飲んだり、食べたりしたあと、口の中をすすぐことはできませんよねぇ。

だから少しくらいお乳のカスがたまったってあたりまえですよ。

それをきれい好きのママは、ぬれたガーゼで口の中を拭いていたんです。

あるとき、拭いても乳カスがとれないといって、ムリに拭いたら、ちょっと歯ぐきから血が出ちゃった。

そのままにしていたらどんどん白いものがふえてきたので、ママは心配になって、ボクを先生のところへ連れて行きました。

先生は、ボクの口の中を見たとたん、「カビがはえちゃった」だって。

白くできているのは「鵞口瘡」といって、口の中や上あご、ほおの粘膜、歯ぐき、舌などにつく、カンジダとかアルビカンスというむずかしい名前のカビの一種でおこるものなんですって。

特に赤ちゃんの栄養状態がよくなくて、からだの抵抗力が下がったり、病気で抗生物質を長く使っているようなときにできやすいと言っていましたよね。そういえば、ボクができたときは、ちょうどカゼが長びいているときでした。

　この鵞口瘡は、はじめは白い斑点ができ、それから幕のようにペッタリとくっついて、はがれにくくなるのが特徴みたい。ひどくなると、ノドのほうまで広がることもあって、そうなると食欲もなくなっちゃうんですって。

　ちょっと見ると乳カスみたいなので、ママみたいに拭いちゃって、とれないとムリしてはがそうとするので、血が出るんだなぁ。

　ボクは1回しかできなかったけれど、何回もできやすい子もいるんですって。でも年齢が大きくなれば自然にできなくなるから、心配はいらないようなんです。ママはカビだと聞いて、これは口の中を不潔にしているからできると思ったらしいんですが、まったく反対。

　口の中は唾液で自然にきれいになっているんですから、そんなに神経質に拭く必要はないんです。あんまりむきになってゴシゴシ拭いたりすると、かえって鵞口瘡ができやすくなるから気をつけてほしいって。

　鵞口瘡の予防には、哺乳ビンの乳首や食器の煮沸がいいとも言っていました。母乳の場合にも、乳首とそのまわりをよく拭いてから飲ませるようにしないとね。

　それにしても、カビがはえた、なんておどろきましたよ。

ボクのタマはどこいった?

・停留睾丸

ボク、このあいだひさしぶりにおばあちゃんと一緒にオフロに入ったんです。

おばあちゃんは、やっぱり洗い方も入れ方も上手ですよ。

「ボクちゃんは色白でマルマルと太っていい子だね」とほめてくれましたが、うれしかったのはそこまでで、そのあとが大変。


だって、ボクのオチンチンのフクロが小さいというんです。

そのうえタマ（睾丸）が1つしかないって。

これには、ママもパパもびっくり。

オフロからあがったボクのオチンチンを2人でいじって、たしかめたんです。

いじられるのは痛くはないけど、へーンな気持ち。

で、やっぱり右のほうのタマがフクロの中にない、という結論になったです。

パパは「そこまでは気がつかなかったなぁ」と心配になったようです。

おばあちゃんに、

「ボクにはタマがないの？　あるんだったらどこにかくれているのか、先生にみてもらったら」と言われたので、さっそく先生のところに行ったというわけ。

先生は診察を終えて言いました。

「本当だ、1つしかないようだなぁ。さぁ、どうしよう。」

さすがにボクはドキッとしましたが、ママなんて青くなっちゃいましたよ。

先生の冗談が少しきつすぎたみたいです。

これは、停留睾丸《ていりゅうこうがん》というのだそう。

睾丸は胎内ではおなか（腹腔）の中にあるらしいんですが、生まれてくるときには下がってきて、フクロ（陰のう）の中にきちんとおさまっているのがふつうなんですって。

それが、ボクの睾丸は、ちゃんと下がらないで、おなかの中か、またのつけ根（そけい部）あたりで止まっているらしいんです。

そうするとフクロにはタマがないから、小さくなっちゃうんですって。

先生は「坊やのタマは、寄り道してあそんでいるんだ」なんて冗談を言っていましたよ。

もし大きくなってもこのままタマが降りてこないと、睾丸の機能がだめになって、不妊の原因になったり、そこに悪いはれものができたりするという心配はたしかにあるみたい。

だから、気づいたときには早めに泌尿器科医などの診察を受け、ときどきみてもらう必要があるんだって。

でもね。タマが上がったり、下がったりする〝エレベーター睾丸〟というのもボクらの年齢では多いし、1歳くらいまでに自然に下がってくるケースも多いらしいんです。

「だから、そんなに心配しなくても大丈夫。それに、いよいよ下がらなければ覚悟して手術をすればなおっちゃうよ。」

と先生はまったくノンキですねぇ。

ということで、タマのことではひと安心したママですが、実はもうひとつ心配ごとがあったみたい。

先生は「ママが気にしていることは、きっと言いづらいだろうから、こちらからズバリ言っちゃおうか」だって。

それは、ボクのオチンチンが細くて小さいということらしいんですねぇ。

だけど、これはママやパパのとりこし苦労なんですよ。

ボクは太っているからオチンチンのつけ根のところに、肉というか、皮下脂肪が多いので、一見短く見えるんですが、肌の部分を押さえれば、ちゃんと先は飛び出していてふつうだって、先生が「実演」してくれましたよ。

「からだのシモの部分のことを聞くのははずかしいけど、ちょっとしたことでも気になるのはだれでも同じなんだよなぁ」

最後に、先生はやけに実感こもった言い方をしていましたよ。

便秘？便が出ない

ボクは、生まれてからずうっと便秘がちなんです。

「ママ自身、だいぶ便秘で悩んでいたときがあったんじゃないか？　だからそんなに子どもの便通が気がかりなんだよ」

先生にそうズバリと言われて、ママは一瞬、顔を赤らめました。

4ヵ月のボクを連れて、先生のところに相談に行ったときのことです。

どうも便通にこだわる母親が多いんだと、先生が言いました。

便は1日に1回きちんと出ないといけない。2日も3日も出ないのは異常だっていう先入観をもっているのがおかしいんだなぁ。

〝便が出ない〟ということと、世間でいういわゆる〝便秘〟とはちがうものと考えなくちゃいけないって。

〝便〟で問題になるというか治療の対象になるのは、かたかったり、太かったりして排便のときに痛みがあったり、肛門から出血したりして便が出にくいとき、食欲が落ちておなかが張るような場合なんです。

ボクのように便の回数は2～3日に1度だけど、便はやわらかく、出るときにも痛くないようなのは、便秘というよりも、〝便が少ない〟とか〝回数が少ない〟と言うべきなんですね。

ふつう、便通というのは、食べものや飲みものの種類や量、排便の習慣や運動の量など、1日の生活の具合が影響してくるんだって。

だから、ウンチの回数や量には、個人差があっても当然じゃないでしょうかねぇ。ウンチがかたく量が少ないのは、小食とか偏食、それから消化のよいものばかり食べていることも原因になるようですよ。

だから、汗をかく夏なんかは、特に水分をたくさんとらないとね。冬も運動不足になりがちだから、気をつけなくちゃいけないんですって。

さて、そこでボクのことです。

ボクは母乳で育っています。

よく飲んでいるので体重もグングンふえています。

ボクのような場合、飲んだお乳をむだなくからだの肉の部分にまわしちゃって便までまわらないから、量が少ないとも考えられるんだって。

大きくなるし、オムツはよごさないし、経済的で親孝行だったんですねぇ。

ママはボクの便が出るまで2日も3日も待っているんですが、オナラはよく出るんです。

腸が活動している証拠ですよね。

出た便はやわらかいし、量はどっさり…、はずかしいくらいなんです。

なまいきみたいだけど、人間はとかく一面ばかり見てしまいがちですねぇ。

これは、便通にもいえると思いますよ。

飲んだり食べたりするものの入り口は〝口〟でしょう。ここから便になる材料が入ってくるわけですよねぇ。その入り口のことを忘れて出口（肛門）ばかり気にして、便が出ない、出ないとさわぐのはおかしな話ですよね。

便がつまると熱が出るからって、腸にウンチになるものがないのに、出口から浣腸の液を入れるなんて、本末転倒ですよ。どうして便が出ないのかということを先に考えてくれないとねぇ。

もしも便が出なかったら〝入口〟に必ず目を向けること、水分を十分にとっているかをたしかめること。それが便が出ないときの注意ですって。

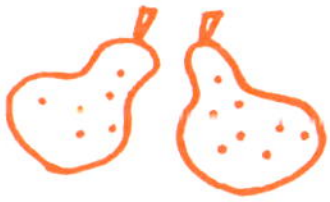

ホッとしたらビックリした？

・突発性発疹

〝だまってすわればピタリとあたる〟なんて易者さんは言うけれど、〝あたるも八卦、あたらぬも八卦〟とも言うから、結局はあてにならないですよ。天気予報だってそうでしょう？　雨の予報だったのに晴れたりするんですから…。まして、その日の天気もわかんないのに長期予報なんてやるんだから、たいしたもんですねぇ。

まあ、赤ん坊のころからこんなことを考えてちゃ、いい子になりませんけど…。それにくらべると、ボクの先生は病気をピタリとあてるから、たいしたもんですよ。

それというのも、先日ボクが熱を出したんです。

それも急に39度。

ママはあわてましたねえ。

夜だったから、急患で病院にかけこんだんです。

先生は、「熱の高いわりには、ノドはそれほど赤くないし、機嫌だって悪くない。まあ、カゼのようなものだ」と言いました。

それでママは安心して、家に帰ったんです。

　ところが、朝になっても熱は下がりません。

様子をみましたが、昼ごろになっても38度以上の熱があるんです。

薬を飲んでも効き目がなさそうです。

それでまた病院に行きました。

「先生、カゼでこんなに熱が高く続くんですか。余病でもおきていたら大変！

脳がやられるなんてことはないですか？」

「うん、それは大丈夫」

　先生はうなずいて、

「さあーて。熱がきのうからだとすると、そうだなあ、早ければあした、遅くてもあさってあたりには下がるね。それからからだに赤いブツブツが出るから、見ててごらん」と言いましたね。

「先生、本当ですか。ハシカじゃないでしょうね」

「ハシカ？　とんでもない」

ママは心配そうだったけど、帰りました。

　翌日、ぐっすり寝て起きたボクは、なんとなく気分がいいんです。

熱が下がったからです。

でもボクは口がきけませんから、何も言えません。

ママがオムツをかえにきたときです。

ママはまずボクのおでこやからだにさわって

「あれ、熱が下がったのかしら？　下がったわ！」とうれしそう。

そして、おなかのまわりに赤いブツブツがあるのをみつけたんです。

ママはオムツをかえるのも忘れて、

「あっ！　胸のほうにもあるわ」とさっそく、先生に電話をしました。

「先生！　ピッタリあたりました。熱が下がって、ブツブツが出ました。さすがに名医ですね」

なんて先生をもちあげるようなことを言っていましたね。

ママのことばに先生は、こんなことを言ってくれたようですね。

「これは、突発性発疹といってねぇ。ウイルスの感染でおこるようだが、はじめはカゼみたいなので、はっきりわかるのは熱が下がってからなんだ。発疹が突然出るので突発性というんだよ。ボクは病気を知っているから、まえもって言っただけさ。名医でもなんでもないよ。これは一生に一度かかれば、あとはかからないからご心配なく」

だけど、先生はしてやったりという得意そうな顔をしていたんでしょうね。

こうやって一人前の親になっていくんだなぁ、とボクは思いました。

ボクは軽い〃白ちゃん〃でした

・貧血

10ヵ月のときでした。

顔色がさえないので診察を受けたとき、先生はおもしろいことを言いましたね。

「赤ちゃんというのは、顔色はもちろん、肌も血の気でいっぱい。赤いから、〃赤ちゃん〃というんだよ。黄疸があれば黄色いから、黄《ギー》ちゃん、心臓の病気などがあって顔色が青く（チアノーゼ）なっている場合が青ちゃん。ボクは顔色が白っぽいから〃白ちゃん〃かな？」だって。

いろいろあらーな！　ですよ。

ボクの場合は、顔色に血の気があまりないから白っぽく見えるんですって。

それに体重のふえが悪いし、ミルクもあまり飲まないし…、離乳食だってまだはじめたばかりだから、よく食べません。

それで心配して、血液検査をしたのですが、ボクにはちょっぴり貧血があったらしいのです。

貧血というのは、からだ（血液）の中にふくまれている鉄分が大いに関係してくるみたいですね。

ふつうボクたち赤ちゃんは、生まれながらにして、鉄分をもっているんです。

先生が言うには、

「結婚するときに、〝持参金〟をもって行く風習があるが、それと同じように、生まれてくるボクたちには、ママが〝持参鉄〟をもたせてこの世に送り出してくれたんだよ」ですって。

その〝持参鉄〟がたくさんある子は、赤い色の肌をしてるんです。

未熟児の赤ちゃんや、お母さんが貧血だったりすると〝持参鉄〟が少ないので、顔色や肌が白っぽくなっていることがあるようですよ。

鉄分というのは、十分に与えられても、長くはたくわえられないんですって。

それに、発育とともにだんだん減ってくるんです。

血液はもちろんどんどんつくられるんですが、追いつかないと血液中の鉄が不足してきちゃう。

そうすると、鉄欠乏性の貧血になって、〝白ちゃん〟になってしまうのです。

この〝白ちゃん〟は、早いときには生まれて2～3ヵ月ごろからあらわれることがありますが、多くは離乳の時代、ちょうど鉄分が少なくなるころにみられるんですって。

ですから、その分を離乳食でとりはじめるわけです。

だから、この時期になっても鉄分をあまり含まない母乳やミルクばかり飲んでいると、栄養的にうまくいかなくなって、貧血になってしまうのです。

でもね、顔色がさえないからといって、全部が全部〝白ちゃん〟とばかりはいえません。

仮性貧血といって、みかけは貧血みたいだけど、そうでない場合もあります。結膜を見ても赤みはあるし、血液検査をしても異常がないのです。これはポチャポチャッとして太った顔、しもぶくれで色白のタイプの赤ちゃんに多いらしいですね。

まあ、赤ちゃんの貧血なんてめったにありませんが、5〜6ヵ月ごろから1歳くらいにまれにおこることがあるので、注意しないと…。

とにかく、先生の話を聞いてママはびっくりしたようでしたが、勉強にもなったのだから、よかったのではないでしょうか。

ブツブツかゆいのなーんだ

・水ぼうそう

ある日、ボクはからだがちょっとかゆくて、熱っぽいのでぐずりました。

ママは背中に赤いブツブツをみつけ、「湿疹かしら」とあちこち見てくれました。

じっと見ると、背中に水ぶくれみたいなものがあったので、

「もしや水ぼうそうではないかしら、でも赤ちゃんがかかるのかしら」

と半信半疑で先生に診察してもらいました。


先生は「やっぱりかかったなあ、仕方ないね」とまずひとこと。

ママが「まさか水ぼうそうじゃ…」と言いかけると、
先生は「お母さんの心配のとおり、リッパな水ぼうそうですよ」だって。

先生が言うには、

「赤ちゃんだってうつるんだよ。ほら、2週間まえにボクが下痢ぎみで診察を受けにきたとき、待ち合い室に水ぼうそうの子がいたじゃあないか。その子からうつったのかもしれないなあ」

直接さわらなくたって、空気伝染なので仕方ありません。

水ぼうそうは伝染病で、子どもがかかる病気の横綱。うつってから2週間くらいできちんと病状があらわれますって。

この病気は、伝染する力が非常に強いウイルス（水痘のウイルス）に感染するとかかる病気で、症状としては、はじめ熱と同時に頭や背中、胸などに赤いブツブツができ、水ぶくれが2〜3日のあいだにからだ全体に広がるんだって。そのあとはカサブタになって、先にできたものから順々にきえていくようですね。黒くなったカサブタが完全にとれるまでには、2〜3週間くらいはかかるらしいですよ。

ボクの熱は2〜3日続きましたが、それほど高くはありませんでした。この病気の症状には個人差があるみたいなんです。

なにしろ一生に一度しかかからないんですから、かかったあとに、軽かった、重かったとはじめてわかるんです。

ま、重かった場合は運が悪かったと思い、しばらくおとなしくするしかないよね。よほどのことがないかぎり、余病はおきないそうですから、そんなに心配することもなし。

ただ、つらいのはかゆみなんです。

白い薬を塗ってもらい、飲み薬も飲んだのでよくなったけど、あんまりかゆいので、泣いたこともあったくらいでした。

それと、水ぶくれが完全にカサブタになれば人にうつることもありませんが、新しいものができているうちはうつるから注意が必要ですって。

だから、保育園に行っている子は、お医者さまが大丈夫と言うまで休まないと。ほかのともだちにもうつしちゃうからね。

そうそう、あまりひっかいて傷ができるとあとが残ることもあるから、ツメは切っておかないとねぇ。

ボクも少しのあいだは、水ぼうそうをやったのがすぐにわかるくらい肌にあとが残っていたけど、いまはあとかたもなくなってきれいになって、もとのツルツルお肌にもどっているよ！

※編集部注
水ぼうそう（水痘）ワクチンは2014年10月より定期接種となっています。

耳の中におできができた

・外耳炎

ある日ママに抱かれたときに、ママの手がボクの耳にぶつかったんです。

ボクはすごく痛かったので、泣き叫びました。

でも「耳が痛い」とは言えないし、手を痛い耳のほうへ持って行くこともできません。

ママはどうしていいのかわからず、心配そうにしてました。

ボクは痛くて痛くて泣き続けました。

ママはボクを抱いて、一生懸命あやしてくれるんですが、よけい痛みがひどくなってくるんですねぇ。

「熱もないし、いいウンチしてるから、おなかも大丈夫そうだし…」

ママとパパは、ボクが泣き叫ぶ原因がどうしてもわかりません。

それで、先生のところへ…。


診察しているうちに、先生が耳の中を見ようとボクの耳をひっぱったんです。

ボクは痛くて、もっと大きな声で泣きました。

「ハァーなるほど」

先生にはわかったのですね。

これは外耳炎といって、耳におできができているんです。

耳の穴の入口の奥に傷があって、そこが赤くなっているんだって。

だから耳の入口の部分を押すと、強烈な痛みがあるってわけ。

ママは「中耳炎ですか？」って。

耳が痛いとどうしてすぐ〝中耳炎〟と思うのでしょうねぇ。

だけど、ボクのは〝外耳炎〟。これは意外と多いんですって。

傷からバイ菌が入って、外耳（外耳道）の皮膚に炎症がおきたんですよ。

だから、痛かったり、かゆかったり、ときには耳だれが出ることもあるみたい。

ボクのはおできのできはじめだったので、まだウミが出ていなくて、幸い痛みだけで耳だれはありませんでしたけど…。

耳の中の湿疹がかゆくて、指を入れてひっかいたり耳に指をつっこむクセがあったりすると、外耳炎がおきる原因になるんですって。

どっちにしろ、ツメはきちんと切らないといけませんよね。

それから、先生の言ったことで、ママがいやな顔をした瞬間があったんだけど
先生、気がつきましたか？

ボクは内心、しめしめ、と思っていましたけどね。

それは耳そうじのことなんですよ。

耳アカがたまると、聞こえが悪くなるなんてオーバーですよネェ。

それなのに、ママはよくボクの耳そうじをするんです。

いやがるボクをムリやり押さえつけてですよ！

でも、まあそれもほどほどにしないとねぇ。

もし鼓膜にでも傷をつけたら、アウト。まちがって外耳道にでも傷をつけちゃったら、そこからバイ菌が入っておできにもなっちゃう。

いいですか、赤ちゃんの耳そうじは、絶対に耳かきは使わないこと。

小さな綿棒で耳の入口付近を拭くくらいにして、ムリをしてはいけないんです。


こんなことがあってから、ママの耳そうじはなくなりました。

細菌はノドからやってくる
・中耳炎

今日はママが先生にほめられました。

ボクが中耳炎になったとき、どうして子どものころは中耳炎になることが多いのですかって、聞いたからなんです。

そんな質問をするママはあまりいないので、先生は感心したのでしょう。ほめたついでに、中耳炎の話をくわしくしてくれましたね。

中耳炎は、カゼをひいて扁桃炎や咽頭炎など、ノドの炎症にかかったときにおこりやすいんだって。

カゼの原因である細菌が耳管を伝わって中耳に入り、そこで感染をおこして中耳炎になるのです。

子どもに中耳炎が多いのは、その耳管が短い上に水平になっているため。おとなよりも細菌がノドから伝わりやすいんですって。

よく耳の中にお湯や水が入ると中耳炎になるといいますが、中耳の入り口には鼓膜があるでしょう。鼓膜がある以上、外から中耳に細菌が入るということはまず考えられないんですって。

ですから、子どもの頭を洗ってあげるときには、それほど神経をつかわなくてもいいみたい。

子どもがカゼをひいて高い熱が続いていたり、機嫌が悪いようなときは、いちおう小児科の先生は中耳炎を頭に入れているようですよ。

中耳炎をおこすと鼓膜の内側にウミがたまり、高い熱とともに痛みが強くなってくるからです。

この痛みは鼓膜が破れて、中にたまったウミが出るまで続くんですって。

痛くて泣いているときに、抱きかかえるとおとなしくなって眠ってしまうこともありますが、これは頭が高くなるので耳の充血がとれ、痛みが少なくなるから。

しかしよく見ると枕に黄色いヘンなものがついていることに気づくんですねえ。これが鼓膜が破れて出たウミ。ウミが出てしまえば、熱も下がり、痛みもなくなるはずです。

そのときはじめて中耳炎に気づいて、病院をたずねる人もあるようです。

中耳炎のウミは、綿棒で拭くと糸をひくような粘りがありますが、外耳炎のウミは最初サラサラとして水っぽくて、そのあと黄色くべっとりとするのが特徴。耳アカがやわらかくネバネバしている〝あめ耳〟は、病気でなくて生まれつきの体質なので心配なしだって。よく耳だれとまちがえてあわてる人がいるんです。

赤ちゃん時代は、どこそこが痛い！ なんて言えないのがつらいところ。その点、ボクのママはしっかり勉強してくれたので、ボクは安心です。

ボクは微熱症候群？

先生、聞いてください。

ボクがあそびつかれて眠くなったときのことです。

だれだって眠ければおとなしくなりますよね。

それなのに、ママはボクのおでこをさわって熱っぽいというんです。

体温計できちんと熱をはかったわけでもないのに、カゼのひきはじめ？　なんて勝手に決めちゃって…。


さっそく病院に行って診察してもらったら、やはりカゼではないかと言われたんですねぇ。

ママは早期発見したとよろこんで大変でしたよ。

カゼひいたことってよろこぶことじゃないのに…。

それからは、熱に異常なほど感心をもちはじめたんですねぇ。

たとえば、顔色がさえないとか元気がない…、ちょっとしたことですぐ「熱があるかも…」とボクのおでこをさわって、たしかめるんです。

これは、熱に対する恐怖症みたいなものではないでしょうか。

だからちょっと熱っぽいようだと、ボクはもうオフロに入れてもらえないんです。

高い熱なら仕方ありませんが、ちょっとした熱ぐらいでですよ。

それとも、ボクが微熱症候群なんですかねぇ。

どっちにしろ、困っちゃいましたよ。

だけど、一般に赤ちゃんは熱を出しやすいんじゃないですか？

でも、熱が出たからって全部病気とはかぎりませんよねぇ。

赤ちゃんは小さなからだなんだけど、新陳代謝がさかんだし、食事でカロリーを十分にとりますから、当然、熱が発生しますよ。

それに、部屋の温度や衣服なども、おおいに影響しますよねぇ。

ボクら赤ちゃんは体温の調節が未熟というか、十分ではないのですから、ちょっとしたことで微妙に変化しますよ。

年齢が小さければ小さいほど、体温の変動が大きいんです。

だからおとなからみれば、体温が37度あると微熱があるとみえますが、子どもはこれくらいが正常の体温ということもよくあるんです。

そのことがよく問題になるんですよね！

もともと体温には個人差があるので、正常はどのくらいと決めるのはむずかしいんです。

ボクならボクの健康なときの体温をきちんとはかって、知っていないとね。

それには1日4回はかること。

朝起きたとき、昼（日中）、夕方から宵の口。就寝後1時間…、1日の時間による体温のちがいを知っておけば、ずいぶん役にたつんだから。

それを1回くらいはかっただけで、しかもきちんとはからず、おでこにさわってみただけで、熱があるとかないとかさわぐのは、おかしなことですよねぇ。

特に、夕ごはんのころは、さんざんあそんだあとなので多少の熱が出るのは当然のこと。

食後も、当然熱が少し高くなるでしょう。

だから、ごはんを食べてオフロに入れて寝かせようと思う、ちょうどそのときに熱をはかれば、体温は上がっていますよ。

それなのに、熱っぽいからおオフロは中止だって、これは日常よくあることで、オフロ好きのボクは本当にかわいそうな犠牲者ですよ。

たしかにカゼの熱などは夜になると上がることが多いでしょうが、それなら就寝後だって熱はあるはず。

静かに寝ているときの熱は、下がっているのがあたりまえですからね。

どうもこの4回めの熱(就寝後の熱)をはからない、知らない親が意外に多いんですって。

だいたい、病気などがあれば、熱だけじゃなくて機嫌も悪いし、元気もありませんよ。

微熱だけが主な症状の病気は、あまりないんでしょ?

あったとしても、それはおとなの心配症。

今度先生から、よおく話してくださいょ。

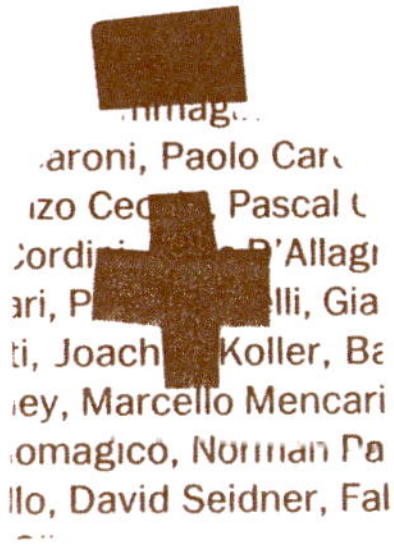

オムツかぶれの原因は

ボクはよくオムツかぶれになったり、おしりがただれやすいたちみたい。

それで、先生に治療してもらって、いろいろと話を聞きました。

オムツかぶれは、昔とくらべるといまのほうが数のうえではずっと減っているんですが、だからといって問題がなくなったわけではないらしいんです。

先生は「オムツをするからオムツかぶれになるんで、オムツをしなければオムツかぶれにはなりません」と言っていたけれど、もっともですよね。

それから、こんなおもしろいことを言っていましたね。

イヌやネコ、サルのオムツかぶれなんて聞いたこともなかったけれど、いまはそうともいえないんですって。

過熱気味のペットブームで、イヌやネコにオムツをさせる飼い主もいて、そのためにペットにまでオムツかぶれが発生しているんだそうです。

冗談みたいな話ですよねえ。

ボクみたいなオムツかぶれには、ふつう3つの原因があるんですって。

1つは、オシッコやウンチから発生したアンモニアの刺激のために皮膚炎になること。

2つめは洗剤による皮膚炎。

洗濯のときにすすぎをおろそかにすると洗剤が残ってしまって、そのためにカブレてしまうんです。

原因の3つめは、あたりまえのことですが、おしりをいつも清潔にしているかどうかということ。

この3つめについて先生が実際に調べてみたら…、結果は意外とダメだったみたい。

たとえば、オムツをとりかえるときは、ただお湯で拭いて清潔にしてくれればいいのに、ちょっとおしりが赤いからといって、ベビーオイルをぬったり、パウダーをつけたり、クリームや軟膏をぬったり…。

たしかにこうすると一見きれいな感じに見えるんだけど、かえって汗腺や皮脂腺がつまるので不潔になりがちなんですって。

それと、紙オムツの使い方も気をつけてくれないとね。

メーカーの宣伝では、オムツがぬれてもおしりがサラッとしているからそのつどとりかえなくてもいいような印象を受けますよね。

オシッコは吸いとれるからまだいいけれど、ボクみたいにウンチがやわらかくて下痢に近いようなタイプの赤ちゃんの場合、どうしてもおしりが汚れてしまうから、そのままにしておかれたら困っちゃう。

すぐカブレてしまうんですね。

オシッコやかたいウンチのときのようなわけにはいかないこと、忘れないでね。

先生は、紙オムツだって布オムツだって、オシッコやウンチをしたらすぐにかえたほうがいいって。

そのとき必ずおしりを拭いて、しばらくオムツをしないでおしりの風通しをよくすることがむれない、カブレない予防の方法ですって。

それと、おしりの外気浴をすること。

おしりでお日さまに「こんにちは」をするんですって。

「外の空気にふれることは肌を丈夫にしてくれるし、寒さに慣れるのに大切」ってことは、ママも知っているよね。

だけど、ボクのからだを全部はだかにして、もしカゼでもひかせたらと思うと、ちょっと勇気がいるのかな。

だから先生は、おしりだけ外に出すのでもいいって。

こんなにいいことがタダでできるんだから、

「これこそお金で買えない育児というものだよ、すばらしいよね」って先生。

ボクのおしりは、「いままではきゅうくつな思いもしてきたが、なんだかこれからは少しノビノビできるみたい」ってよろこんでるよ、きっと。

虫に刺されたら？

夏の盛りをすぎて残暑のころになっても、まだまだやぶ蚊に刺されたりすることってありますよね。

そこで先生から聞いた「虫刺されの一席」をボクが紹介します。


虫刺されのなかでなんといってもいちばん多いのが〝蚊〟。赤く腫れて、かゆくて…。

だからママ、ボクが泣いてグズグズして機嫌が悪いときは「虫に刺されたのかな」ってことも疑ってみてくださいね。

とにかく断然多いのが蚊で、それからめったに見ないけど、アブ、ブヨの類もあります。

これらは刺されたところをかゆがるのが特徴で、特にアブは蚊やブヨよりもかゆみや痛みがずっと強いそうですよ。

虫に刺されたら、刺されたところをよくセッケンと水道水で洗って、そのうえで必要ならかゆみどめの軟膏をぬること。

ノミ、ナンキンムシ、ダニも同じく軟膏をぬるだけでいいみたい。

毒蛾、毛虫は体毛に毒があるので、それにふれると皮膚がかゆくなったり、体質によってはじんましんが出たりしますが、この場合もセッケンと水で洗い流して抗ヒスタミン軟膏をつけるとよいそうですよ。

意外に気がつかないのがアリで、食われると痛ガユく赤く腫れてきます。アリなんて、とバカにできないんですね。アリって強いんだなあ。

それでは先生がまとめた虫刺されの注意を5つばかり披露しますと…、
①虫刺されにぬる薬はたくさんあるけれど、子ども、特に赤ちゃんは皮膚が過敏でデリケートなので、あまり刺激の強い薬はぬらないこと。
診察をしていて、ずいぶん赤くなっているなあと思ったときは、強い薬をつけたな、と先生はすぐわかるんだって。

薬の副作用なんですね。

でも何より大切なことは、薬をつけるまえに冷たい水で冷やすこと。

発赤（赤み）もかゆみも、これでずいぶんラクになりますから。
②ツメを切ること。ひっかいてバイキン（細菌）に感染をするとトビヒになりますから、ツメには十分気をつけないとね。刺されたところに包帯をしたり、救急バンソウコウをはっておくのもいいでしょう。
③洗濯物をとりこんでたたむときに、虫が入りこんでいないかよく見ること。
ハチやブヨ、アリなんかが入りこんでいたら大変！
④着るものは涼しい素材で、汗を吸いとりやすい木綿などの長袖、ズボンスタ

イルがベター。

アセモの予防にもなるし、皮膚を覆っていれば虫に刺されないし、散歩のときなどはこのスタイルがうってつけですね。

⑤蚊とり線香や電気蚊とりは、空気がよごれるので安易に使うことは避けます。マンションの高い階に住んでいる場合は、蚊の問題はそれほどでもないでしょうが、昔から使われている網戸は、蚊以外の虫の侵入もふせげるので便利。あつい日でも網戸をすることを忘れないようにしないとね。

皮膚の伝染病

・トビヒ（伝染性膿痂疹《のうかしん》）

保育園の先生から、ママは言われました。

ボクの皮膚にできている水ぶくれ（水疱）はもしかしたらトビヒかもしれないと。そうだとしたらほかの子どもにもうつるので、病院で診察を受けてくださいとのことでした。

ボクは蚊に刺されたところに赤いブツブツや水疱ができやすいので、ママは「またかきこわしたのかな」くらいに思っていたんですが、さっそく病院へ行きました。

先生はボクをはだかにして、頭のてっぺんから足までよくみてくれましたね。そしたら胸と背中と、腕にも水ぶくれはできていたんです。

ママは、

「あら、ずいぶんふえちゃった。きのうはバラバラだったのに。ひっかいたのかしら」とひとりごとを言っていました。

先生は、

「いつものとはちがうよ。水ぶくれをよく見てごらん。水疱のなかみがいつもはにごっていないのだけれど、これはちょっと黄色っぽくにごっているでしょう。ウミなんですよ。かゆいだけでなく、ちょっと痛いんだよね。これがトビヒというものなんですよ。」

「だけど先生、赤ちゃんはトビヒになんてならないんでしょう」

「とんでもない。皮膚にバイキンがつけばなるんだから、子どもだって赤ちゃんだってなるよ」

　ママと先生はこんなやりとりをしていましたが、ボクの場合もまさに、ひっかいてバイキンが入ってトビヒになったんです。

　これは皮膚の伝染病で、水疱が破れて中のウミが皮膚につくと、そこにまた水疱ができて化膿してくるんですって。

火事のときの飛び火のように、からだのあちこちにできるのでトビヒといわれるようになったそう。

ふうん、うまく病名をつけたもんだよね。

でも感心ばかりしていられません。

ウミがつけばボクのからだだけでなく、ほかの子どもにもうつるわけだから、集団生活はさけなくてはいけません。

保育園の先生が休むように言っていたけれど、そのとおりなんですね。

　先生は、消毒をして化膿にきく軟膏をぬってくれましたね。

痛くもなんともなかったよ。

このくらいの手当てなら家でもできそうに思ったけれど、「シロウト療法はやめ

て病院にまかせたほうがいいね」と先生は言っていましたね。

　トビヒのひどいときは熱が出たり余病がおきることもあって、そのときは抗生物質を飲むのだそうです。

水疱が広がらないようにするのが第一で、ひっかかないように包帯をしたり長袖のシャツを着たりして、手がそこにふれないようにすることが大切ですって。

　ボクも先生やママの言うことをよく聞いて、早くなおして、ともだちにうつさないようになったら保育園に行こうっと。

　水ぼうそうや、はしかのようなものだけが伝染すると思っていたママは、皮膚にもうつる病気があることをはじめて知ったみたい。

それにしても保育園の先生は、よく病気を知っているし、ボクたちのことをよく見てくれていますよね。

いい先生に会えたボクたちは、すごく幸せだなあ。

口の中や足の裏までブツブツ

・手足口病

ボクのような赤ちゃんによくできるのが、ブツブツの発疹。

去年の夏だったか、ボクがカゼをひいて、あまりたいしたことなかったのに発疹が出たことがありましたっけ。

ママは「熱があったから、それでアセモができたのかしら」ぐらいに思っていたようだけど、そのうち、よだれは出るし食欲もなくなってきたものだから心配になって、先生のところへ連れてきたんですよね。

そしたら〝手足口病〟だなんてへんてこな病気の名前を言われたので、ママはびっくり。

先生はママの気持ちを察して、ゆっくり説明してくれましたね。

この病気は2〜3歳までの乳幼児に多くて、ウイルスの感染によっておこる夏カゼの一種だそう。

その名のとおり手と足と口の中に発疹ができる軽い病気で、通常、夏のはじめから秋のはじめにかけて流行をくりかえすということです。

潜伏期間は3〜6日くらい。

熱は出ないことが多くて、出ても37〜38度まで。

それも1〜3日ぐらいで下がるそうですから、そんなに心配はいらないみたい。

ただし、ほほの内側の粘膜、舌、歯肉、唇、おまけに手のひら、足の裏まで米粒ほどの小さなブツブツが出てくるなんて、いやですよね。

それらはやがて水疱になり、さらに潰瘍《かいよう》に変わってくるとのこと。もっとも1週間ぐらいたつと自然にしぼんできれいになおるとのことです。

ところで、水疱の中にはウイルスがいるって知ってました？

だからオフロは水疱が完全に消えるまで待ったほうがいいんですって。

そうそう、ウンチからも2〜3週間はウイルスが排出されているということです。

それから口の中に水疱があるあいだは、ごはんを食べるのがつらいよね。

だって、しみて痛いんだもの。

特にあついもの、からいもの、角のある乾いたようなものは最悪。

そんなときは、水分を十分に補給して、口あたりのよいものを食べさせてね。

この病気は、実際には感染しているのに発疹しない子どもがたくさんいます。

ですから、かかった子どもを隔離したところで流行をとめることはできないわけ。

でも、もちろんうつる病気ですから、保育園に行っている子どもがかかったときは休ませないといけませんって。

夏はアセモをはじめ、この〝手足口病〟など、いろいろと発疹の出る病気があるそうだけど、おかしいと思ったときは早めに先生のところに連れて行ってね。

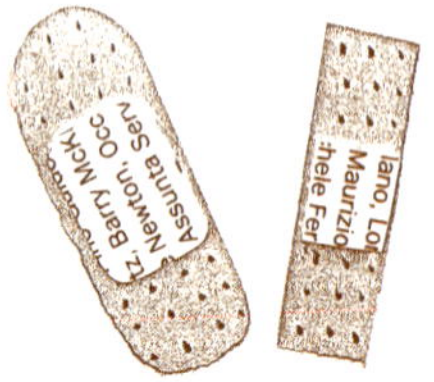

タバコを食べちゃった！

「父親も母親もだらしがない！　親としては失格だよ」

病院に行ったとたんに先生からしかられたパパとママ。

でも、あとから
「まあ、ママはちょっとえらいところがあるから、50点はあげるよ」

それは、ボクがおこした〝タバコ事件〟のときのことなんです。

ちょっと口に入れてみたら、いつもの食べものとちがって苦い…それでボク、口の中でモグモグしてはき出したんだ。

それに気づいたママは、あわてて指をボクの口の中につっこんで、ガーゼでタバコの葉っぱをとり出したりしました。

でも、飲みこんでいないかどうか心配だったので、急いでボクを病院に連れて行ったんです。

先生はボクの口の中をよーくのぞきこんで、ママにいろいろと聞きました。

それで大丈夫とわかったんですね。

もし飲みこんでいたら、胃の中へ口から管を入れて、ぬるま湯を入れたり出し

たりしなくてはいけません。

これは子どもにとってはかなりつらいこと、押さえつけてやらなくてはならないので、大変な作業なんだそうです。

胃洗浄をしてタバコの葉がみつかれば目的を達したことになるのですが、

「泣き叫ぶ子を押えつけて、それで何もみつからなかったりすると、かわいそうでむなしい気がする」って先生は嘆くんです。

だけどたいていのお母さんは、わが子がタバコを飲みこんでしまっているのか、そうでないのか、わからないんですね。

もしたくさんタバコが体内に入れば、15分くらいで様子がおかしくなり、3時間ぐらいのうちに吸収されて呼吸筋がマヒするといわれてるんだって。

こんなにタバコがこわいなんて、知らなかった。

先生がママに話してくれた応急の処置というのは…、まず、口の中をのぞいて、タバコがあったら拭きとってしまうこと。

飲みこんだ疑いがあるなら、水や牛乳は飲ませず、指を入れて吐かせること。

こんなとき、灰皿に吸いガラが何本あったか、その長さはどのくらいかなどがわかっていれば、口の中から拭きとったときにおおよその見当がついて、胃洗浄をするかしないかの判断もつきますって。

「自分たちの吸ったタバコなのに、吸いガラの本数すらわからない親が多くて、本当に困ったものだ」

その点、ボクのママは、吸いガラは何本、長さはこのぐらいときちんとこたえられたので、胃洗浄をしなくてすみ、先生にちょっぴりほめてもらえたんですね。

ああ、ボクもよかった!

先生はパパとママに「赤ちゃんのいる家庭では、口に入れて危険なものは身のまわりに絶対に置かないこと」と注意しました。それから赤ちゃんのそばや赤ちゃんのいる部屋ではタバコを吸わないことも。

本当はタバコを吸わないのがいちばんかんたんだと思うけどね。

シモの病気・包皮炎　外陰膣炎

シモの病気って、なんだかむずかしいし、言いにくいし…で、ママもつい病院に連れて行くのをためらうみたいですね。

僕のオチンチンの先っぽが赤くなったときも、なかなかなおらないので、やっと病院へ行ったんですが、診察室に入ったらボクのまえにボクと同じくらいの月齢の女の子がいたので、ママはちょっと言いにくそうでした。

「ボク、どうしたんだ?」と先生。

「実は、オチンチンの先が赤く腫れてしまいまして…」

とママはおそるおそる言いました。

「そうか。こちらの赤ちゃんも、シモの部分が赤くなってオリモノが出て、心配できたんだよ。きょうはシモの病気デーだなあ」

先生はハッハッハッハッと大声で笑いました。

冗談じゃないですよね、ママの気持ちも考えないで。

でも先生はボクの診察が終わってから、ボクのママと、女の子のママに、シモの病気の話をしてくれましたね。

オムツかぶれはおしり全体がただれるのですが、特に前のほうがひどくなる場合があるんですね。男の子だとオチンチンの先の包皮炎や陰のうのただれとなり、女の子だと外陰腟炎（腟のところ）になるんですって。

ボクはオチンチンが赤く腫れましたが、場合によってはウミが出ることもあるみたい。

女の子は外陰部が真っ赤に腫れて、中からオリモノが出るんです。オムツやパンツに黄色くつくので、ママたちがびっくりして病院にくるようです。オシッコをするときにしみて痛いので、泣いたり機嫌が悪くなったりしますよね。だいたいシモの部分は、どうしたって不潔になりやすいし、いろいろなバイキンがいるんですねぇ。そのうえ、オムツでおしりがむれるので、ますますバイキンがふえて炎症をおこしやすくなるというわけ。

悪い病気ではないから心配はありませんが、なおったからといってちょっと油断して不潔にしているとぶりかえしますから、ご用心。ふだんから気をつけないといけませんって。

オシッコやウンチのあとは、おしりふきで十分に拭くこと。特に女の子の場合はウンチがやわらかいと外陰部の中に入ってしまうので、腟の入口を少し開いて、必ず前から後ろの方向にきれいに拭く習慣をつけることが大切なんだって。

ひとりでウンチができるようになっても、拭き方はよく教えてあげないとね。

入浴のときには、ジャブジャブとよく洗うこと。

オチンチンの先だけでなく、フクロの裏側も、ね。


紙オムツの普及で、オムツを交換する回数も手間も減りました。

でも、出たウンチやオシッコが消えてなくなるわけではありません。

排尿や排便があったら、きれいに拭くことは昔もいまも変わりはないので、この点は忘れないように、と先生はママたちに強調していました。

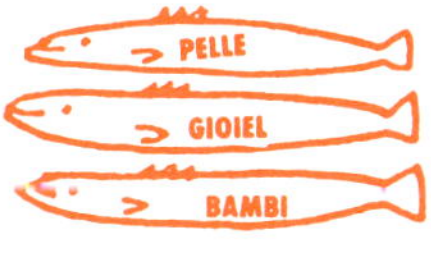

ボクはネコでも喘息でもない

診察が終わったあと、先生がこう言いました。

「雪やコンコン、あられやコンコ…ネコはこたつでまるくなる」

突然そんな歌をもち出すなんて、ママは先生がいったい何を言いたいのかチンプンカンプン、不安そうな顔をしていましたよ。

実はとなりのおばあちゃんがボクを抱いたら、ノドがゴロゴロしているので、「おやおや、ネコの子みたい」って言ったんです。

それだけならいいんだけれど、「タンもちの子は、喘息になる」なんて言ったものだから大変です。

ボクは元気でなんともないのに、パパもママもあわてて先生のところへ行ったというわけ。

おばあちゃんは罪つくりですよね。

ボクみたいな赤ちゃんは、水で太っているというくらいですから、だいたいに水気が多いんです。

ふだんから気管からの分泌物が多いってわけ。

だから、少しカゼ気味のときとか冷たい空気にあたったときなんかは、呼吸器の粘膜が反応して、よけいに分泌が多くなるんですね。

それでタンが出てくるというしくみ。

それから、鼻水もあるでしょう？

ボクたち赤ちゃんは、おとなのようにノドにまわった鼻水をポンと出すことができませんから、ノドにひっかかったままになっちゃうんです。

そのため、息を吸ったり吐いたりするたびに、タンが上がったり下がったりして音が聞こえるんですよね。

ゴロゴロ、ゼイゼイ、という音は、そばにいると気になるでしょうが、ボクは呼吸が苦しいこともないし、ケロッとしています。

それに、しょっちゅうゴロゴロ、ゼイゼイしているわけではありませんから。

タンを自然に飲みこんだりすることもあるし、反対に何かの拍子にお乳を吐いてタンも一緒に出ちゃったり。

そんなときには、音はピタリとやんで、ボクはスーッとするし、ママも「あら、ゴロゴロが消えちゃった」なんて言っているじゃない。

音が喘息に似ているだけで喘息かも？　とさわぐんだから、やんなっちゃう。

赤ちゃん時代がすぎれば、ほとんどこんな音も出なくなるそうですよ。

喘息になるかどうかは、もっと先の話ですから、ゼロゼロをあんまり心配しないで、からだが丈夫に育つようにしてほしいですね。

寒いから、ゼロゼロするから、と外に出ないで家にいるようでは逆効果。

薄着で大いに外に出て、太陽にあたり、呼吸器に粘膜を強くするようにしたいですね。

そしたら、ゴロゴロもゼイゼイもだんだんとよくなってきますよ。

「雪やコンコン、あられやコンコ…ネコはこたつでまるくなる」って先生が歌の文句を言ったのは、ネコじゃないんだから、家の中でまるくなっていてはいけないってことを言いたかったんだね。

ママもそれがやっとわかったみたい。

でも、先生、口が悪いなあ、ボクとネコの子とを一緒にするなんて。

子どもでも痔になるんだよ・肛門裂症

「おしりから血が出ているんですよ。ほら、肛門に切れたあとがあるでしょう。そこから出血して、ウンチについてオムツをよごしたんです。まあ、よくいう切れ痔というやつですね」

「えっ、痔ですって?」

肛門の傷を見たママは、痔と聞いて2度びっくりしちゃいました。

肛門裂症…と聞いてもピンとこないかもしれませんが、これが切れ痔の医学的な名前。

肛門はだれにでもあるわけですから、肛門裂症だってだれにでもありうる、つまりボクみたいな小さな子におこっても不思議はないんですね。

先生は、肛門が切れるのはウンチがかたいからだと言っていましたね。そういえば、ボクのウンチはいつもかたいんです。

ヤギのフンみたいなときと、鉛筆ぐらいの太さのときとあって、いつも出るときにいきまなくちゃならないんです。

もうちょっとで出るというときに、あんまり痛いから、ひっこんじゃうこともあるんですよ。

ムリをして出したときに肛門がさけて、その傷から血が出てウンチについたり、オムツがよごれたりするんだね、きっと。

「この子のパパも切れ痔なんです。遺伝しちゃったんでしょうか。手術をしないとなおらないんですか?」

ママは、よっぽど心配になったのか、おおげさに聞くんですよ。

すると先生は笑って
「そこまで気をまわさなくたっていいよ。実は先生も何十年来の〝痔主〟でねえ。でも手術なんてしてないよ。ボクも便秘さえなおれば、肛門の傷なんてすぐなおっちゃうさ」と答えていました。

ボクの体重は9キログラムです。

もうすぐ1歳なので、ミルクを飲んだり、離乳食を食べたりしています。

消化の悪いものや刺激の強いものは食べませんし、食べたくてもくれません。

ミルクは1日、そうですねえ、300ミリリットルくらいかなあ。

あと果汁とスープ、水や麦茶をオフロあがりと散歩から帰ったとき少し飲みます。

先生は、ボクの食べものや水分の量を計算してママに話していましたね。

ざっと計算したら、ボクが1日にとっている水分量は800ミリリットルくらい。

便がやわらかいというのは水分が多い、逆にかたいのは水分が少ないからなんですって。

1日にとる水分量は、赤ちゃんの場合、体重1キログラムにつき最低100ミリリットルは必要なんですって。

ということは、ボクは1日に900から1000ミリリットル以上とらないといけないというわけ。

ボクのからだは水不足になっていたんですね。

水不足では便まで水分がまわらない、だからかたくなる…。

フムフム、やっとわかったよ、ママ。

食べる量が少ないのもいけないし、ミルクや牛乳ばかり飲んでいてもダメなんですって。


それと先生がおっしゃるには、肛門のところはきたないんだから、便をしたあとはおしりふきで拭くといいんですって。


それからオフロに入ったときには、よくシモのところをジャブジャブとお湯で流して洗うようにすること。

特に女の子は念入りにすることが大切、シモの病気をふせぐにはやっぱりこれがいちばんみたいですねぇ。

男の子も清潔にしないとね。

傷だらけの人生!?アトピーとはかぎらないよ

「キズだらけの人生のはじまりなのかなあ?」

…なんだか映画みたいなことを先生は言いましたね。

ボクが湿疹ができてかゆいので、ツメでひっかいたら、顔のあちこちにひっかきキズができちゃったからなんです。

先生はいつも診察のときにこんな冗談を言うんです。

きっとママの気持ちをリラックスさせようとしているんですね。


ママはボクに湿疹ができたので、あれこれ人に聞いたり、本を読んだりして頭の中は情報でいっぱい。

アトピーの湿疹じゃないかしら、もしそうだったら大変、離乳食だって食べられないものが多くなるし、卵や牛乳が原因なのかしら、それにホコリ…等々、いろいろ考えて混乱状態です。


だけどママは先生の説明を聞いてホッとしたみたい。

先生はこう言っていました。

「このごろはちょっと皮膚にブツブツができたりすると、それアトピーだ、アレルギーだ、とさわぐみたいですねえ。だけど、赤ちゃんの時代には、ボクみたいに多かれ少なかれ湿疹ができる子がけっこういるんだよ。だからってみんながみんな、大きくなっても湿疹が続くことなんてないんですから」。

先生の経験にもとづく、よくあるケースとは…

まず生まれて2〜3ヵ月から湿疹ができはじめ、なかなかおらず病院通い。親はイライラ、ピリピリ。

医者も懸命に努力するものの、治療に決め手がなくお手上げ状態。

さあ困った、困った、と言っているうちに、1歳の誕生日を迎え、不思議なことにそのころからだんだんと病院にこなくなる。

「ハテ、これはあんまりなおらないから、ほかの病院に行っちゃったのかな。でも、自分の力がおよばなかったんだから仕方がない」などとあきらめたりする。が、やがて、実はそうでもないことがわかってくる。

つまり、1歳のお誕生日をすぎるころになると、なぜか湿疹がよくなったり、なおったりするというわけ。

ということは、ボクたち赤ちゃんの湿疹は、よくなったり悪くなったりしながら、1歳、2歳をすぎるころには、自然になおってくる場合が多いんですね。

アトピーは体質的なもので、遺伝の部分もあるのでしょうね。だから、2〜3歳をすぎるまで大きくならないと、体質なんてハッキリとはわからないようですよ。

赤ちゃんのころにもアトピーによる湿疹はあるにはあるでしょうが、それこそすぐに、全部が全部そうだと決めてさわぐことはないみたい。

シロウト判断で勝手に、与えなければいけない食品をあげなかったりするのはもってのほか。どうしても気になるときには必ず専門家にみせてから判断すること。あせらないことが大切な方法かもしれませんよ。

それから赤ちゃんのツメが伸びていないか、よく気をつけること。綿の長袖で手を覆うなりして、ツメで顔をひっかかないようするのもいいですね。こうすれば「キズだらけの人生」なんて言われないよね。

朝、起きたら目があかない！

・サカサマツゲ

びっくりしたよ、あの朝は。

だって目がさめたら、左の目があかないんだもの。

ボク、寝起きはいいほうなんですが、そのときばかりは泣いちゃった。

ママがすぐきてくれて「あら大変、目ヤニがいっぱい」と言って、タオルの端を水でぬらし、目ヤニを拭いてくれました。

片目で見ていたママの顔を、両目で見ることができたので、ボクはホッとしてニッコリ、ママもホッとしたようでした。

だけど2、3日たったら、また同じように…。


こんなふうになったのははじめてのことだし、まあ、眼医者さんに行くほどのこともないだろうということで、そのままにしておいたんですね。

目ヤニは出たり出なかったりしていました。


そのころ、ちょうどいいぐあいに健康相談の日がきたんです。

ママはさっそく目ヤニのことを言いましたね。

「ボクはきれいな目をしているなあ。マツゲもリッパだ。大きくなってもツケマツゲはいらないね」

「先生、冗談なんて言わないで。目ヤニが出ないような、薬はないんですか」

「目の薬なんていらないね。拭いてあげるだけでいいさ」

「じゃあ、目ヤニはどうして出るんですか」

先生がおっしゃることには、ボクの目ヤニの出る原因は、サカサマツゲのためなんですって。

ボクみたいにポチャッと太っているような子どもは、下まぶたの皮下脂肪が厚いので、下まつげが上を向いてしまうんだそうです。

そのためにマツゲで目の玉の表面をこすってしまい、その刺激で目ヤニや涙が出るんですって。

あと、眠かったり、目のまわりに湿疹やただれができていたりするときも、かゆくて目をこするでしょう。

そんなとき指が目に入ったりすると、目ヤニが出てくるみたいですね。

ほら、ボクの白目（球結膜）は赤くないでしょう。

これがバイキンやウイルスでおこってくる結膜炎とちがうポイント。

だから結膜が赤くならないかぎり、特別何もしなくても、サカサマツゲは大きくなってくればなおってくるし、心配いらないんですって。

きれいなガーゼをお湯でひたして絞り、それで目ヤニを軽く拭いてとるだけでいいんですって。

それにしてもマツゲが逆さにはえちゃうなんて、ヘンなの。

最後に先生はこんなことを言っていましたね。

「まあ、眠いときにこするようなら、指のツメを切っておくことだ。湿疹ができていれば、よけいこするから、湿疹を早めになおすことだね」。

ここでもまたツメのことを言われちゃった。

ツメを切ることって大切なんですね。

薬よりも冷やすことだって

・ヤケド

ボク、ポットをひっくりかえして、ヤケドをしちゃったんです。

ママは急いでお医者さんに行こうとしたんですが、おばあちゃんがこのくらいなら薬をつけておけば大丈夫と言ったので、そのまま様子をみることにしたんです。

だけど、ボクはとっても痛いのと、びっくりしたのとで、ワンワン泣いちゃいました。

するとパパが心配して、結局、病院へ行くことになったんです。

ヤケドをしたところは小さかったのですが、ちょっと水ぶくれになり、それが破れていました。

先生は「薬なんかつけるから破けるんだ。何もしないで連れてくればよかったのに。かえってよけいなことをするからいけないんだ」

と言って、ヤケドの話をしてくれましたね。

ヤケドには、ただ赤くなるだけの第I度、水ぶくれ（水疱）ができる第II度、皮膚の中までただれてしまう第III度と、程度によって分かれているんですって。

ボクのはちょっと水ぶくれがあって、第I度と第II度のあいだくらいだったんだ

って。ひとまずは安心。

　でもそんなことはさておき、ママが先生にうーんときつく言われたこと、それはですねえ、ヤケドをしたらまず水でどんどん冷やすことが大切ということ。冷やせば冷やすほど痛みがラクになり、あとのなおりが早いんですって。やたらと薬をぬるなんてことはしないこと。とにかく水をかけるんです。かけられない場合は、冷たい布で湿布をするんです。

　水疱ができていたら、それを破らないようによーく注意しながら、上から冷やすことが大切。水疱の中は無菌ですから、破らなければそのまま時がたてばしぼんでなおってくるんですって。

　それを、ヘタに薬なんかつけたり、着ているものを脱がしたりして、水疱が破れたら、せっかくの無菌状態もだいなし。バイキンが感染して化膿することもあるんですから。だから服は脱がせないで、服の上から水で冷やして、それから服を切りとって、水ぶくれを破らないようにしないとね。ヤケドの場合のことを考えたら、ぴったりしたタイツなんかをはかせるよりも、ゆったりしたズボンなどをはかせたほうがいいでしょうね。

　もし薬をつけるようなときは、ガーゼにぬるようにして、水疱には直接ぬらないこと。

うちで手当てをするのに不安があるときは、早く病院にかけつけたほうがいいですよね。

ところでボクはポットでヤケドをしましたが、意外に気がつかないのが、アイロンをかけ終わったあとの余熱。

それに、みそしるやコーヒー、ラーメンのできあがり直後。

これはとてもあついんだから、指でも入れたらリッパにヤケドをします。

テーブルクロスをひっぱったために、上にあったあつい飲みもの、食べものがこぼれたり、ひっくりかえったりということもありますね。あわてますよね。

　それから口の中をヤケドすることもあるんですって。

これは、痛そうだなあ。

しみたりするから、ごはんが食べられなくなっちゃうし…。

ボクたちが口に入れるものは、あつくないかどうか必ず調べてくださいね。

　ヤケドはいつどこでするか、わかりません。

あついものはけっしてそばにおかない、与えないことが大切です。

それにヤケドは、おとなが一息いれたり、ホッとしたりしているときにおきやすいもの。

　ボクたちが自分であぶないものを見分けられるようになるまで、ママもパパも目をはなさないでね！

寒い夜には しもやけにご用心

ボクが夜泣いた原因が〝しもやけ〟だったと聞いたママは、「いまでもそんなことあるの？」とおどろいていました。

先生は「けっこう、あるよ」って。

「最近は部屋があたたかくなったから昔ほどはなくなったが、外で遊んで冷たい風にあたったりしたときは、注意しないとね」だって。

ただ意外と気がつかないというか、知らない親が多いらしいんです。

それで先生はこんなお話をしてくれましたね。

寒くなると皮膚の血管はよくはたらかなくなって、体温を外に出さないように縮まるんだって。

当然血液の流れは悪くなりますから、その部分は冷たくなって、むくんできて紫色になっちゃうわけ。

これがしもやけで、耳や手、足の先など、からだの末端でこの現象がみられることが多いんですって。

子どもの場合は、ことに手足のむくみがひどく、腫れて、なかには亀裂ができたり、くずれることもあるらしいんですね。

昔の子どもはよくそんなふうになったもんだって、おばあちゃんも言っていましたよ。

まあ、そこまでひどくなったらだれだって気づきますが、腫れが少しのときは皮膚の内出血（皮下出血）のような紫がかった紅斑（赤いマダラ）ができるくらいですから、何かにぶつかったくらいにしか見えないでしょうね。

　ボクたち子どもは寝ているとき、バンザイのような格好をしていますから、手がふとんの外に出ているでしょう。

だから寒さのために手は氷のように冷たくなり、手の甲がふっくらと腫れて、皮膚の色が紫がかってくるんです。

これはときどきみかけますが、実は立派な〝しもやけ〟のはじまりだったんです。

　ふつう、しもやけはかゆみと痛みがあって、あたたまるとかゆみが強くなるので、夜寝てからぐずることになるんです。

ボクが、そうだったんだなあ。

しもやけは押されると痛いので、足の裏やかかとにしもやけがあると、歩くときに足をひきずったりすることもあるらしいよ。

そうとは知らずに足のレントゲン検査をした、なんて笑い話みたいなこともあったそうです。

　しもやけをなおす薬は数えきれないほどあるらしいんです。

たくさんあるというのは、逆に言えば、効きめがあまりないということなのかな。

予防も治療も、マッサージをして血のめぐりをよくすることが第一で、オフロに入ったときは特によくこすること。

いつも手や足は清潔にして、水でぬれたらよく拭いて乾かすこと。

ぬれたままのくつしたなどをはいているのはいけないんだね。

もし、しもやけがくずれたら、バイキン感染して化膿するといけないから、抗生物質の軟膏をつけるといいみたい。


しもやけになりやすいのは、血管が寒さに弱い体質で、だれもがしもやけになるとはかぎらないんですって。


ところで先生は、子どものころから冬になると足にしもやけができる〝しもやけ体質〟で、それが痛いもんだから、歩き方がヘンになっちゃうんですって。

それで先生は特にしもやけには注意をはらっているんですね。

先生もお年だから、しもやけ、もうできないよ、なんて言ったら怒られるかな。

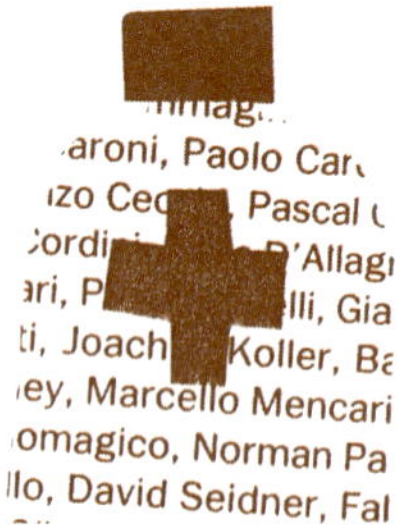

病院に行きたくない！

よかった！　今日はボク、病院へ行かないですんだの。

これも先生のおかげなんです。

まえに先生が、カゼかな？　と思ったら電話をしなさい、と言ってくれたので、きのうの夜、ママは先生に電話をしたんです。それでひと安心できたってわけ。

ボクの家は、遠くに引っ越ししちゃった。

これまでのように先生に何でも相談できなくなり、ママは困っているみたい。

ボクがクシュンとしただけで、急いで病院へ…でしょう？

そんなにあわてて決めてかからないで、冷静に判断してもらいたいんだけどな。

病院へ行ったたって、たいてい「カゼ気味のようですね、薬でも飲ませておけば大丈夫でしょう」と、それでおしまいになるんだからね。

ボクは、たいしたこともないのにやたらに病院に行くのは絶対反対。

だって、もしも注射でもされたら…、ワーン、泣いちゃうぞ。

ま、それはともかく、待合室で待っているときがいちばんイヤなんだなあ。

時間がかかるのはしょうがないとして、待っているあいだに、ほかの病気をもら

ってきてしまうことがあるからなんです。

このあいだも、ボクのとなりにインフルエンザにかかっているらしい子がすわっていて、高熱のせいかぐったりしていて、とってもかわいそうだった。

ボク、そのときイヤな予感がしたんです。


案の定、2日くらいたって熱が出てきて、今度はボクがフウフウいいながら病院へ行くハメに。

あのとき、きっと、病院に行かなければよかったんだよ。


先生はママに、こう言っていましたね。

カゼには2つの型があって、1つは気温が下がったりすることによってくしゃみや鼻水をもたらす、いわば寒さによっておこるカゼで、これはうつらない〝寒冒〟。もう1つは、細菌やウイルスでおこる、うつる〝感冒〟。

感冒にかかれば熱は出るし、食欲はなくなり下痢になったりして、機嫌も悪くなる、この場合は、ほかの病気でもひきおこしたらいけないので、病院できちんと治療することが大切です。

だけどボクがひくカゼは、〝寒冒〟がほとんどなんですよ。

あんまり心配しなくても、あたたかくしていればだんだんなおってきますよねぇ。


少しぐらいくしゃみやセキをしたからと、それ病院へ、というのでは、待合室で待ってましたとばかり感冒がうつりますよ。

元気がよければ、うちで様子をみたっていいんじゃないかな。

〝寒冒〟のために病院に行き、〝感冒〟をもらってくるなんて、つまらないものね。

診察を受けるときのコツ①

ボクがはじめて熱を出して診察を受けに行ったとき、先生は「ママの診察の受け方は50点だね」と言いましたね。

そして、これからのこともあるから、といろいろ親切におしえてくれましたね。

そのおかげで、このごろはいつも90点ぐらいと言われて、ママは得意になっているんですよ。

おとなって単純なんだなあ。

でも、どうして１００点をもらえないんだろう…。

ママと先生の会話、こんなふうだったんだよ。

「きのう実家に行って、親戚の子どもにあそんでもらったので、帰りが遅くなったんです。はしゃいだせいか、機嫌が悪くなっちゃって。おばあちゃんに、眠いんだろうからオフロに入れて寝かせなさい、と言われたのでそうしました。ところが夜中にぐずってときどき起きたりして、眠りが浅かったんです。朝起きたら熱っぽいので、連れてきました。疲れたせいなのでしょうか」

ママが話したことは、考えてみれば、きのうから今日までのできごとを話したにすぎません。

先生からみれば、実家や親戚、おばあちゃんのことなどに用はありませんよね。本当に必要なことは、ボクの様子、体調や機嫌のことなんですね。いつから、どこがどのようにいつもとちがうのか、どういう手当てをしたのか、そして現在はどうなのか…などを知りたいのです。

ママがいくらていねいに、くわしく話したつもりでも、実は落第だったのです。先生のまえだと緊張したり、上手に話せなかったり、また大事なことを言い忘れたりするおそれのある人は、メモをして先生に見せるなり、かいつまんで話せるようにしておくといいんですって。

ようは、よけいなことは言わないで、必要なことだけ言えばいいんでしょうけれど…。

下痢をして診察を受けにくるときなど、便の様子を実にくわしく説明するお母さんがいるそうです。

なのに「では、便の写真を見せてください」というと、かんじんの写真を持ってきていなかったり、ね。

これでは意味がないんですよね、「百聞は一見にしかず」なんですから。

それから診察を受けるときの持ち物ですが、母子手帳やオムツは持ってくるのですが、案外、忘れられているのがタオル。

ボクが吐いたりしたとき、どうするんですか?

病院のシーツを汚し、病院のガーゼやタオルを借りて後始末をするお母さんがとても多いそうです。

やさしい看護師さんは何も言わずに助けてくれますが、迷惑をかけているんですよね。

不用意なお母さんはご用心。

それと、診察を待つあいだにおなかがすいて泣いている赤ちゃんがいますよね。こんなに時間がかかるとは思わなかったのでしょう。

ミルクの準備を、つい忘れてしまったのですね。

ママの準備が悪いと、ボクたち赤ちゃんはかわいそう。

病院はすいているときも混んでいるときもあるし、検査によっては長びくこともあります。

母乳ならいいですが、ミルクの子は1回分くらいは持っていると安心ですよね。

番茶や湯ざましを水筒に入れて持ってくれば、万全です。

１００点満点のママになるには、まだまだたくさん注意してほしいことがあるって先生は言っていたけれど、ボク、もう眠くなっちゃった。

この次、お話するね。

診察を受けるときのコツ②

診察を受けるとき、お母さんにしてほしいこと…。

毎日の診察で先生が気づいたことだから「まだまだ、あるよ」って、続々、出るわ出るわ…、先生もけっこうストレスがたまってるんですかねぇ。

聞いているママはほとんど災難だったかも…。

でも、今後も病院とのおつき合いなどで役立つことばかりみたいだし、それにママが先生に好かれれば、ボクにとってもためになるんだから、ガマンガマン。

先生が言うには、診察を受けるまえと終わったときに、あいさつをする人があんまりいなくってちょっぴりさびしいんですって。

先生の名誉のためにボクがつけ加えると、先生はだんじていばるような人ではありませんよね。

だけど、はじめに「お願いします」、終わったら「ありがとうございました」ぐらいは言ってほしいですよね。

ところがおどろいたことに、１００人のお母さんのうち、あいさつをするお母さんは20人もいないそうですよ。

先生もあきれていたけれど、ボクだって信じられない。

あいさつはだれに強要されるのでもなく、自然に出てくるようにしたいですよね。病院では、子どもの病気が心配で、あいさつする余裕なんてない、ということもあるでしょう。

でも、あいさつひとつで、先生や看護婦さんたちの気分はちがうんです。ボクだってどうせなら先生に気持ちよくみてもらいたいもの。

それから先生が皮肉たっぷりに、「なかなかえらい母親がいる」って言っていたことも印象的だったなあ。

先生が「どうしたのですか」と聞くと、「カゼをひきました」「扁桃腺で熱が出ました」「セキがひどいので気管支炎のようです」など病名を言うんですって。先生に言わせれば、何の病気なのかは医者が判断することで、病名がわかっているくらいなら医者のところへくる必要はないだろう、ってことになるんですね。

診察を受けるときには、症状を言うだけで十分なんですね。

どこがどう痛いとか、鼻がつまっているとか、熱が下がらない…それでいいんです、その原因をつきとめるのが先生の仕事なんですから。

同じセキでも、ノドのせいかもしれないし、気管支が悪いせいかもしれないし…。

なかには下痢をしている赤ちゃんを連れてきて、「腸が弱くてすぐ炎症をおこします」なんて、先生のおかぶをとるようなことを言うお母さんもいるそうです。

医学書を読みかじって、いっぱしのもの知りになったつもりの人って、いるんですね。

この病気はアレルギーからきたみたいだとか、うちの子はこれから必ず熱が出ますから早めに病院にきましたとか…。

「先の見通しまで言われちゃう」って、先生はびっくりするやらあきれるやら、苦笑していました。

子どもの病気は症状がすぐ変わったりするので、なかなか予測しにくいもの。だから、あたったりあたらなかったりする天気予報や、あてにならない予言者みたいなことは言えるわけがないよね。

「慎重なうえにも慎重に、というのが医者というものなんだよ」って、最後に先生が言っていました。

先生のことばはいつもきびしいけれど、たいていの先生はこんなに本音で話してくれないもの、だからボクも、それからママもパパも、いっつも内心感謝しているんですよ。

これからボクが大きくなるまで、ずっとママとパパとボクを、よろしくね。

――親愛なる「赤ちゃん先生」へ…。

●あ・と・が・き

こんな話を聞いたことがあります。ある小児科のベテランの先生が、講演したときのことです。その先生は「赤ちゃんが泣けば、どうして泣くのか泣き声で私にはその原因がわかります」と豪語しました。すると、タイミングよく？　会場の赤ちゃんが泣きました。さっそく先生は「……でしょう？」と答えましたが、みごとにはずれたそうです。当然のことです。

泣く原因は、おなかがすいている、どこかが痛い、眠い、ノドが渇いている…など数多く、なかには2つ、3つと重なっているものです。それをピタリとあてようとするのであれば、泣き声だけでなく、赤ちゃんの顔をはじめ全体の様子を見なければわかりません。赤ちゃんのふだんの様子を知っている上で、はじめてわかるということがたくさんあるということです。

「時代が変われば子どもも変わる」のたとえではありませんが、多産から少子化時代、経験的から情報的、マニュアル化、昔はあーだった、こーだった…云々の子育ての知識や方法も、すべてではないがずいぶんと様変わりしてきました。しかし、赤ちゃんの顔を、いや、子ども全体をじーっと見る、みつめる、なでる、さわることの大切さは、昔もいまも変わりないはず。それなのに、子育ての基本であるそのことが、現在は忘れられているという気がしています。

子育ての上で、赤ちゃんの観察に大いに参考になったことがありました。それは13年間にわたり家族、いや、わが子同然のように飼っていた柴犬の太郎とのさまざまな経験でした。朝、起きて顔を合わせれば、太郎もじーっと私の目を見て一声吠えて嬉しそうにシッポを振り、とびついてからだを私にすりよせてきます。その吠え方の解釈はいろいろとあるでしょう。単なる朝の挨拶ということもあるでしょうし、こうして、ああしてという要求ということもあるでしょう。そこで私がその吠え方を理解し、太郎の意にそった行動をおこせば、嬉しそうに振舞っています。その逆も？　いろいろなことがありました。

　私は、何かを訴えたくとも口がきけない赤ちゃんの代弁者であると自負しています。赤ちゃんの顔、行動（しぐさ）を見てわかったことを、母親の子育てについての姿勢を叱ったり、ほめたりしながら伝えてきました。そのひとつひとつを「赤ちゃんのつぶやき」としてまとめたのがこの本です。

「目は口ほどにものを言う」と申します。顔を見ましょう！　目と目を合わせましょう！　あなたのすぐそばにいる赤ちゃんをきちんとみつめてほしいのです。

　最後に、育児する心は、親の育自（自分を育てる）の心と意気地が大切であるということを記して、筆を置きます。

●赤ちゃん先生のこと

大塚昭二博士の、10年間にも及んだ『月刊赤ちゃんとママ』での連載コラムが、1冊の本になりました。彼は、小児科医として40年余りのキャリアをもつ臨床医ですが、病気の子どもの治療よりも、健康な子どもの育児に、より多くの関心をもっています。

まわりの人々からは、「風呂敷がトレードマークの江戸っ子先生」などと呼ばれているようですが、実際に現在でも風呂敷を片手に持って歩き、「白・黒」を「ヒロ・クロ」と発音する根っからの下町っ子です。

彼と私は40年近いつき合いですが、その独特の発想には、いつも感心させられます。

最近はともかく、以前の下町には、銭湯の利用者がたくさんいました。自宅に風呂があっても、手ぬぐいを下げて銭湯に通うのが「粋」とされていました。そのためか、彼は、ふつうの人はとりあげない、赤ちゃん連れの銭湯の利用法を育児欄で解説したりもしていました。

夏の育児について執筆を依頼されたとき、はだしの川あそびで足の裏にケガをした子どもを多く治療した経験から、川あそびには必ずゴム靴をはかせるようにという記事を書いたこともあります。

また、彼は、落語に登場する横丁の隠居のような知恵者でもあります。

病院のノースステーションで、ある医師が誤って１１９番をダイヤルしてしまったとき、あわてふためくその医師から受話器を取りあげ、「こちら救急病院、今日は空きベッドはありません」と通話して、事なきを得たというエピソードもあります。

いずれにせよ、この本は、ふつうの育児書とはひと味もふた味も違った内容になっています。育児に苦痛や不安を感じているご両親、賢い育児、上手な育児を求めている方々に一読をおすすめしたい良書だと思います。

日本大学名誉教授・故　馬場　一雄

●著者紹介

大塚　昭二（おおつか・しょうじ）
東京生まれ。医学博士、小児科医。東京医科歯科大学卒業後、賛育会病院小児保健部長、東京家政学院大学教授、東京教育専門学校校長（幼稚園教諭・保育士養成校）、三鷹市乳幼児健康相談室嘱託医、千葉明徳短期大学客員教授、社会福祉法人児童養護施設恩寵園理事として活躍。『雑草子育て法』（海竜社）、『育児知識にふりまわされない育児法』（潮出版）など著書多数。二〇一五年夏逝去。

※この本は、月刊『赤ちゃんとママ』1983年1月号より約10年間連載されたコーナーをまとめた書籍『赤ちゃんのつぶやき』に、赤ちゃんとママ編集部が加筆・修正したものです。現在とは若干そぐわない表現もあるかと思いますが、大塚先生のご意思と当時の雰囲気を尊重させていただきました。

赤ちゃんのつぶやき（改訂版）
発行――二〇一〇年一一月二五日　第一版第一刷発行
　　　二〇二〇年一〇月二七日　第一版第九刷発行
著者――大塚昭二
発行人――小山朝史
発行所――株式会社赤ちゃんとママ社
〒一六〇-〇〇〇三
東京都新宿区四谷本塩町一四番一号
電話　〇三-五三六七-六五九二（販売）
振替　〇〇一六〇-八-四三八八二
印刷・製本――図書印刷株式会社

ISBN978-4-87014-061-5